中国大运河博物馆 编

A Curated Selection from
China Grand Canal Museum's
Acquisitions of Three Years
(2022–2024)

QUINTESSENCE

中国大运河博物馆
2022—2024年征集
藏品选编

上海书画出版社

《凝萃：中国大运河博物馆2022—2024年征集藏品选编》
编委会

主　　　编　郑　晶
副　主　编　徐　飞　陈晶晶
执 行 主 编　刘　勤
执行副主编　田　帅　刘　华　张　弛
编　　　写　刘　勤　田　帅　刘　华　张　弛
　　　　　　罗　进　席晓云　张晓婉　梅雨生
　　　　　　谭　笑　张晴羽　胡思涵　程小芳
摄　　　影　张晴羽　张　弛

序

博物馆勾连古今，启迪未来，是历史的见证者、传播者。藏品是博物馆实现各项社会职能的物质基础，有计划、有目的地不断积累补充藏品，是一项不可或缺的基础性工作。

中国大运河博物馆于2021年6月16日对外开放，作为一座全流域、全时空、全方位反映运河文化的专题性博物馆，从立馆之初便根据本馆性质，重点征集体现中国大运河诸方面价值、反映大运河带给人民美好生活的见证物。

中运博的藏品征集工作，获得了上级主管部门和社会各界的鼎力支持。在江苏省委、省政府的高度重视下，得到了藏品征集的资金保证；在江苏省文化和旅游厅的关心下，得到了丰富馆藏文物的政策支持；在文博鉴定专家的辛勤付出下，得到了藏品征集的学术指导；在热心人士的无私奉献下，得到了藏品征集的信息来源。

涓涓细流汇成海，助力了中运博藏品征集工作的顺利开展。三年来，我们从运河出发，上下五千年，纵横六千里，以运河文化为核心，以展现"运河带来的美好生活"为目标，取得了丰硕的成果。通过购买、接受捐赠、公安移交、上级主管部门拨交等途径，征集各类藏品4411件（套），包含陶瓷、金属、玉石、玻璃、织绣、漆木牙角、书画文献、工艺美术、自然标本等品类，其时代跨度从新石器时代至近现代。新增藏品中的珍贵文物达509件（套），丰富了馆藏珍贵文物的品类，融入到各类展览体系中，发挥了博物馆藏品服务社会、服务公众的功能，充分彰显了大运河的深厚文化底蕴。

为使藏品征集成果惠及公众，亦为今后的陈列展览、社会服务、学术研究等工作奠定基础，我们策划推出"从运河出发：中国大运河博物馆2022—2024年藏品征集成果展"特展，于2025年3月展出。同时，我们精心挑选了具有代表性的三百余件（套）藏品结集成册，推出《凝萃：中国大运河博物馆2022—2024年征集藏品选编》一书，以供大家欣赏与研究。

征集文物，寻觅遗存，是一个汇聚文明碎片，追寻散落历史记忆的过程。我们如同拾贝人，将散落在历史长河中的珍珠串起，穿越时空，重绽风华。在这里，衷心感谢所有关心和支持中运博事业发展的朋友。我们将继续秉承初心，砥砺奋进，征集更多更好的藏品，讲好运河故事，让大运河文化遗产在新时代绽放新光彩！

是为序。

郑晶

中国大运河博物馆 馆长

目录

1　序

7　概　述

15　第一章　　陶瓷器

79　第二章　　金属器

141　第三章　　玉石器

183　第四章　　玻璃器

201　第五章　　织　绣

249　第六章　　杂　项

289　第七章　　书画文献

329　第八章　　工艺美术

351　第九章　　自然标本

377　后　记

图版目录

第一章　陶瓷器

001　战国　原始瓷甬钟 / 19

002　战国　原始瓷勾鑃 / 20

003　西汉　青釉云气纹陶瓿 / 21

004　西汉　青釉云气纹陶壶 / 21

005　东汉　铭文陶仓 / 22

006　三国吴　青釉堆塑人物飞鸟楼阁谷仓罐 / 23

007　晋　越窑青釉鸟钮熏炉 / 23

008　西晋　青釉虎子 / 24

009　西晋　青釉贴塑仙人神兽纹洗 / 24

010　南朝　洪州窑青釉印花高足盘 / 25

011　南朝　青釉印花垂莲纹八系罐 / 26

012　北魏　笼冠陶侍俑 / 26

013　隋　青釉四系盘口壶 / 27

014　隋　黄釉镇墓兽 / 28

015　隋　黄釉骑马女俑 / 29

016　唐　三彩武官俑 / 30

017　唐　彩绘骑马陶俑 / 31

018　唐　三彩骆驼 / 32

019　唐　三彩戴帽胡人立俑 / 33

020　唐　三彩天王俑 / 34

021　唐　三彩镇墓兽 / 35

022　唐　三彩镇墓兽 / 36

023　唐　寿州窑黄釉枕 / 37

024　唐　巩县窑绿釉狮柄执壶 / 38

025　唐　邢窑白釉执壶 / 40

026　五代　邢窑白釉葵口碗 / 41

027　五代　定窑白釉葵口碗 / 41

028　五代　越窑青釉莲瓣纹水盂 / 42

029　五代　越窑系青釉"钱"字款四系罐 / 42

030　北宋　青白釉莲瓣纹盘口瓶 / 43

031　宋　湖田窑青白釉行炉 / 44

032　宋　湖田窑青白釉刻花碗 / 45

033　宋　湖田窑青白釉刻花龙柄瓜棱执壶 / 46

034　宋　湖田窑青白釉水波纹瓜棱执壶 / 46

035　宋　耀州窑青釉刻海水摩羯纹斗笠碗 / 47

036　宋　柿釉斗笠盏 / 48

037　宋　定窑深腹划花碗 / 48

038　南宋　龙泉窑青釉划花粉盒 / 49

039　金　钧窑月白釉大碗 / 50

040　金　淄博窑黑釉出筋双系罐 / 50

041　金　定窑白釉印花牡丹纹葵口碗 / 51

042　元　青白釉波斯人物香插 / 52

043　元　青花缠枝高足公道杯 / 53

044　明嘉靖　霁蓝釉露胎贴金鱼藻纹盖罐 / 54

045　明万历　青花五彩花卉纹卧足杯 / 55

046　明　青花高士图提梁壶 / 56

047　明　青花寿石牡丹纹盘 / 58

048　明　"崇祯五年"青花云龙纹香炉 / 59

049　明　黄绿釉仪仗陶俑队 / 60

050　明　彩绘生肖陶俑 / 62

051　清康熙　青花岁寒三友纹笔管 / 64

052　清康熙　青花五彩花鸟纹将军罐 / 65

053　清雍正　粉彩隋炀帝游西苑图盘 / 66

054　清雍正　粉彩隋炀帝龙舟图折沿盆 / 67

055　清乾隆　广彩描金开光庭院人物纹汤盅 / 68

056　清乾隆　广彩荷兰西奥多鲁斯·范·瑞伍霍斯
　　　特徽章纹盘 / 69

057　清嘉庆　"阿克当阿"款青花八吉祥纹三足炉 / 70

058　清　"嘉庆戊辰"款白釉盉 / 71

059　清　青花山水庭院图汤盘 / 72

060　清　青花西厢记故事图盘 / 73

061　清　粉彩龙凤纹轴缸 / 74

062　清道光　黄釉暗刻赶珠龙纹碗 / 75

063　清光绪　粉彩百蝶图三管葫芦形瓶 / 76

064　清光绪　粉彩刻云蝠桃熏炉 / 77

第二章　金属器

▶　**铜　器**

001　商　兽面纹铜爵 / 83

002　商　"亚疑"铜耜 / 84

003　西周　龙纹铜鬲 / 85

004　东周　镂空涡纹铜戈 / 86

005　东周　虎纹铜戈 / 86

006　战国　"相邦春平侯"铜铍 / 87

007　战国　"左得工""右得工"铜箭镞 / 88

008　战国　刻铭铜矛 / 89

009　战国　"文君"虎钮铜錞于 / 90

010　汉　铜鎏金盖弓帽 / 91

011　汉　铜博山炉 / 92

012　汉　铜提梁鋞 / 93

013　汉　铜带钩 / 94

014　北朝　鎏金兽首衔环铜铺首 / 95

015　唐　"千秋万春"铭盘龙纹铜镜 / 96

016　唐　双鸾衔绶龙纹月宫铜镜 / 97

017　唐　抚琴引凤纹铜镜 / 98

018　唐　"荣启奇问曰答孔夫子"铭葵花镜 / 99

019　北宋　"咸平三年庚子东京铸钱监铸造"铭花卉纹铜镜 / 99

020　宋　铜净瓶 / 100

021　金　"煌丕昌天"海船纹铜镜 / 101

022　金　海八怪纹铜镜 / 102

023　金　许由巢父故事图铜镜 / 102

024　明　"隆庆二年"铭铜镜 / 103

025　元　四体文刻铭铜权 / 104

026　明　"洪武五年应天府造"铭铁权 / 104

027　清　铜黑漆古戗金树石人物图香具三式 / 105

028　明　掐丝珐琅狮戏纹碗 / 106

029　明　掐丝珐琅凤穿牡丹纹碗 / 107

030　明　掐丝珐琅菊花纹筒式炉 / 108

031　明　掐丝珐琅缠枝莲纹炉 / 108

032　明　掐丝珐琅缠枝莲纹贯耳瓶 / 109

033　清　掐丝珐琅缠枝莲纹大壶 / 110

034　清　掐丝珐琅兽面纹方壶 / 111

035　清　"宣德年制"款掐丝珐琅缠枝莲纹三足炉 / 112

036　清　掐丝珐琅蕉叶夔龙缠枝莲纹方瓿 / 113

037　清　"乾隆年制"款掐丝珐琅缠枝花卉鎏金羊形尊 / 114

038　清　"大清乾隆年制"款掐丝珐琅夔龙纹高足杯 / 116

039　清　"景泰年制"款掐丝珐琅莲托八吉祥纹鱼耳炉 / 117

040　清　掐丝珐琅海棠式盆玉石花卉盆景 / 118

041　清　掐丝珐琅松鼠葡萄纹象足狮钮盖炉 / 120

042　清　掐丝珐琅花蝶纹抱月瓶 / 121

043　清　掐丝珐琅璎珞缠枝莲纹佛塔 / 122

044　清　"慈禧太后御笔"寿铭掐丝珐琅花卉剔红五福捧寿纹鎏金玻璃柄镜 / 123

045　清　掐丝珐琅鎏金太平有象熏炉 / 124

046　清　画珐琅郭子仪祝寿图菱花式捧盒 / 126

047　清　画珐琅黄地花卉纹碗 / 128

048　清　画珐琅嵌玻璃八吉祥纹桃形挂钟 / 129

▶　**金银器**

049　北宋　镶宝石龙首金链 / 130

050　宋　龙纹金提携 / 131

051　宋　双凤牡丹纹金梳背 / 132

052　明　银鎏金嵌白玉瓜果纹耳珰 / 133

053　明　银鎏金束发冠 / 134

054　清　银鎏金镶红宝石帽顶 / 134

055　清　银累丝烧蓝风景图提梁盒 / 135

▶ **钱 币**

056 战国 "三川釿" 斜肩弧足空首布 / 136
057 战国 "武" 斜肩弧足空首布 / 136
058 战国 "平州" 尖足布 / 137
059 战国 "纕平" 方足布 / 137
060 战国 "梁正尚百当寽" 布币 / 138
061 战国 "齐法化" 刀币 / 138
062 元 "张仲宝记" 银铤 / 139
063 明 折粮银锭 / 139
064 明 "福寿双全" 吉语金钱 / 140

第三章 玉石器

001 新石器时代 石锤、石斧、石球 / 145
002 春秋 蟠虺纹玉璜 / 146
003 汉 兽面纹青玉璧 / 147
004 汉 谷纹玉管 / 148
005 汉 白玉兽面谷纹剑璏 / 149
006 唐 白玉组佩 / 150
007 唐 白玉凤凰花卉纹发簪头 / 151
008 唐 白玉孔雀花卉纹发簪头 / 151
009 唐 符离县石界碑 / 152
010 元 白玉龙纹高足杯 / 154
011 元 白玉米芾拜石图摆件 / 155
012 元 青白玉秋山图摆件 / 155
013 元 白玉俏色镂雕大吉富贵纹饰件 / 156
014 元 白玉透雕春水图佩饰 / 157
015 元 白玉龟吐祥云纹带饰 / 157
016 元 灰玉透雕春水图佩饰 / 158
017 元 灰白玉双螭衔灵芝纹带饰 / 158
018 元 灰白玉巧雕荷塘鸳鸯纹带板 / 159
019 元 墨玉竹寿纹带板 / 159

020 元 白玉巧雕龙首螭纹带钩 / 160
021 明 白玉鹿 / 160
022 明 白玉鸳鸯衔荷草纹帽顶 / 161
023 明 青白玉山水人物摆件 / 162
024 明 白玉桃形把杯 / 163
025 明 白玉扭绳纹结交八方佩 / 164
026 明 灰白玉双螭龙纹盏托 / 164
027 明 青白玉花鸟纹带饰 / 165
028 清 白玉鳜鱼挂件 / 165
029 清 白玉双鹅衔穗摆件 / 166
030 清 白玉渔家乐船形摆件 / 167
031 清 青白玉渔家乐船形摆件 / 168
032 清 错银百寿字紫檀嵌白玉三镶如意 / 169
033 清 白玉四神纹四足方形盖罐 / 170
034 清 青白玉双鱼纹花蝶錾活环洗 / 171
035 清 青玉兽面纹双耳炉 / 172
036 清 灰白玉巧雕鼻烟壶 / 174
037 清 翡翠螳螂摆件 / 175
038 清 碧玉凤凰栖枝纹花插 / 176
039 清 碧玉兽面纹出戟觚 / 178
040 清 祁阳石雕海屋添筹图红木插屏 / 180
041 清 汪士慎款梅花图长方涧池端砚 / 181
042 清 石镇水兽 / 182

第四章 玻璃器

001 战国 蜻蜓眼式玻璃珠 / 187
002 六朝 黄绿色玻璃碗 / 188
003 宋 浅蓝色花口玻璃小瓶 / 188
004 宋 蓝色玻璃长颈瓶 / 189
005 宋 透明绿玻璃执壶 / 190
006 宋 透明蓝玻璃细颈瓶 / 190

007　清　"乾隆年制"款透明蓝色玻璃长颈瓶 / 192

008　清　"乾隆年制"款黄色玻璃八棱瓶 / 193

009　清　"乾隆年制"款金星玻璃福寿纹山子 / 194

010　清　"乾隆年制"款白色套红色玻璃夔龙纹
　　　　方觚 / 195

011　清　白色套蓝绿色玻璃蟠螭纹胆瓶 / 196

012　清　白地套多色玻璃葫芦瓶 / 197

013　清　胭脂红兽耳玻璃小瓶 / 197

014　清　透明蓝紫色玻璃螭耳杯 / 198

015　民国　白色套蓝色玻璃云蝠纹水丞 / 199

016　民国　白色套蓝色玻璃蝶纹水丞 / 199

017　清　玻璃彩绘红楼梦人物故事图挂屏 / 200

第五章　织　绣

▶　匹料类

001　明　红地妆花人物灯笼锦衣料 / 205

002　清　"杭州织造臣书正"款宝蓝色寿字纹
　　　　织金缎 / 206

003　清　"江苏正源兴"款茶色狮子戏球纹漳缎 / 208

004　民国　机头款布头一组 / 209

▶　服饰类

005　清　蓝地彩绣金龙纹朝服 / 210

006　清　蓝地彩绣金龙纹披肩 / 211

007　清　蓝色缂金银墩兰团寿纹吉服袍 / 212

008　清　藏蓝缎绣八团花卉纹女服 / 213

009　清　明黄色芝麻纱绣彩云金龙十二章纹
　　　　女龙袍 / 214

010　清　明黄色团龙纹暗花缎马褂 / 216

011　清　石青色缂丝仙鹤纹补褂 / 217

012　清　纳纱盘金绣獬豸纹御史补 / 218

013　清　青色缎绣彩云金龙纹缀鹭鸶纹补霞帔 / 219

014　清　红色缎绣彩云金龙纹女袍 / 220

015　清　青色缎衣线绣三元花蝶纹褂 / 221

016　清　白缎地绣花卉纹圆领女袍 / 222

017　清　青色缎粤绣花鸟纹褂 / 223

018　清　盘金打籽绣清供图挽袖 / 224

019　清　杏红色缎绣龙凤太少狮花卉纹云肩 / 225

020　清　红色缎绣龙凤纹马面裙 / 225

▶　陈设类

021　明　织绣龙纹挂屏 / 226

022　清　明黄色缎绣彩云金龙纹绣片 / 227

023　清　顾绣山水人物册页 / 228

024　清　刺绣耕织图之捉绩、分箔挂屏 / 230

025　清　苏绣荷塘鸳鸯图挂屏 / 231

026　清　红呢地绣海屋添筹挂屏 / 232

027　清　鲁绣八仙过海图挂屏 / 234

028　清　缂丝西厢记人物故事图屏 / 242

029　清　缂丝李广射虎图挂屏 / 243

030　清　缂绘蟾宫折桂图屏 / 244

031　清　石青地刺绣"一品当朝"椅披 / 245

032　清　粉色缎粤绣"利嗲遮"款花鸟纹围幔 / 246

033　清　白色缎广绣花鸟纹插屏 / 248

第六章　杂　项

001　元　剔红楼阁人物图八方盘 / 253

002　明永乐　红漆戗金八吉祥纹经文夹板 / 256

003　明　剔犀卷草纹盖盒 / 257

004　清　漆雕剔彩如意 / 258

005　清　剔红夔龙纹双耳炉 / 260

006　清　剔红莲花纹菊瓣式盒 / 262

概

述

Overview

三载不辍 有实其积——

中国大运河博物馆 2022—2024 年藏品征集回顾

藏品是博物馆存在的重要基础。中国大运河博物馆（简称中运博）作为一个国字号专题博物馆，从零藏品起步，再到一万余件（套）藏品，于2021年6月16日正式开放，藏品征集工作发挥了不可或缺的作用。

2022年中运博的藏品征集工作进入自主征集的新阶段，在上级主管部门和社会各界的关心与支持下，三年来我们以购买、接受捐赠、移交及其他等方式共征集各类藏品4411件（套），包含陶瓷、金属、玉石、玻璃、织绣、漆木牙角、书画文献、工艺美术品、自然标本等品类，时间跨度从新石器时代至近现代。通过三年的征集，不断充实藏品种类与数量，中运博藏品共计达到一万六千多件（套），其中珍贵文物1280件（套），逐步形成了以传播运河文化为核心、具有浓郁运河特色的藏品体系。三载而立于事，在此将中运博三年来藏品征集工作做一回顾与总结。

一、藏品征集理念之明晰

作为一个全流域、全时段、全方位解读大运河文化的"百科全书"式专题博物馆，中运博的定位是全面阐释大运河的遗产价值和给人民带来的美好生活。藏品征集工作以此为宗旨，以收藏、保护和传播大运河文化为使命，征集与运河文化相关的人文和自然类藏品，从而构建一个品类丰富、体系完善、特色鲜明的中运博藏品体系。在明确目标定位的前提下，在梳理前期藏品征集的基础上，征集工作主要围绕以下方面开展：

（一）征集与运河有关的历史见证物、工艺美术品及运河沿线自然标本等

1. 运河历史见证物。大运河作为联系南北政治、经济、文化的纽带，作为沟通亚欧陆上丝绸之路和海上丝绸之路的枢纽，在历史的长河中留下了无数的珍宝。三年来，我们征集了3475件（套）反映大运河政治、经济、文化交流的重要物证，内容包括国家治理、运河经营，运河相关经济、文化、生活等诸方面，是研究运河历史

与发展变迁的重要实证。

2. 工艺美术品。大运河的繁华滋养了运河沿岸，催生了丰富多彩的传统手工艺和艺术，这些是运河文化的重要组成部分，其中非物质文化遗产年画、剪纸等都是代表。三年来，我们征集了工艺美术品372件（套），包括运河年画作品249件（套），剪纸作品107件（套），与运河主题相关的雕塑、陈设艺术品16件（套）。

3. 运河沿岸自然标本。大运河流域是我国生物多样性较丰富的区域，运河沿岸生物种类繁多，体现了人与自然和谐共生。三年来，我们征集了运河沿线自然标本564件，其中动物标本464件，植物标本100件。

（二）征集基本陈列展览缺环的藏品

开馆之初，中运博基本陈列"大运河——中国的世界文化遗产""紫禁城与大运河""隋炀帝与大运河"等专题展厅有244件（套）展品为借展展品，主要为隋唐文物和明清宫廷文物等。三年来，我们有针对性地征集了一批隋唐、明清时期的文物，很大程度上弥补了展览和藏品体系的缺环。新增藏品中有98件（套）用于"大运河——中国的世界文化遗产"展厅，有31件（套）用于改陈后的"紫禁城与大运河"展厅，有10件（套）用于"隋炀帝与大运河"展厅，有18件（套）用于"运河与运河城市"展厅。

（三）配合临时展览的专题征集

配合中运博推出的原创展览开展专题征集，既为充实展览发挥重要作用，又可形成馆藏系列。三年来我们围绕"大都——元代北京城""梦华东京——北宋东京城""凝露成珠——2022年藏品征集精品展"等临时展览进行专题征集，其中北宋"咸平三年庚子东京铸钱监铸造"铭花卉纹铜镜、元白玉透雕春水图佩饰、元青花缠枝高足公道杯、元青白釉波斯人物香插、清剔红神仙人物纹盖盒等五十余件（套）精品已在临展中与观众见面。

二、藏品征集特色之形成

三年来，我们紧扣大运河文化内核，征集反映大运河主题、具有大运河特色的人文和自然类藏品，在原有藏品的基础上进一步完善中运博藏品体系。坚持以精品为导向，做到既有广度又有深度，不断提升藏品质量，形成了以铜胎珐琅器、明清织绣、海丝文物、运河木刻年画、运河鸟类标本等为代表的特色藏品系列。同时，以藏品为载体，加强藏品的活化利用，更好地为社会公众服务，展示大运河文化的独特魅力，进一步凸显中运博作为国字号专题博物馆的丰厚内涵。

（一）拾遗补阙，进一步完善藏品体系

1. 陶瓷器

中国是瓷器之国，大运河的贯通促进了陶瓷生产和贸易，各地窑口生产的瓷器不仅销往全国各地，而且大量运往国外。中运博的馆藏瓷器是大宗，但精品和官窑瓷不多。陶器的占比也很小。面对存在的不足，我们在征集中做到有的放矢，三年来共征集了陶瓷器249件（套），馆藏陶瓷器的质量和数量得到了进一步提升。

陶器比重明显增加，主要为先秦陶器、唐三彩、陶俑等，有效地弥补了馆藏不足。一批唐三彩，包括武官俑、天王俑、胡人俑、镇墓兽、骆驼俑等，造型丰富多样，色彩绚丽斑斓，是大唐盛世及中外文化交流的实物见证。一批造型多样的陶俑，以明代彩色釉陶仪仗俑和彩绘生肖陶俑为特色，生动地再现了运河沿岸人们的生活习俗和社会风貌。

瓷器中注重运河沿线各窑口精品瓷、官窑瓷及外销瓷的征集。一批运河沿线越窑、邢窑、定窑、景德镇窑等代表性瓷器入藏中运博。早期瓷器有战国原始瓷勾镶、甬钟，是仿青铜器中的乐器，器形完整，制作精美，代表了当时越国先进的手工业生产技术水平。唐巩县窑绿釉狮柄执壶、邢窑白釉执壶、金定窑白釉印花牡丹纹葵口碗、元青白釉波斯人物香插等，均是运河沿岸名窑所产精品。官窑瓷器如明万历青花五彩花卉纹卧足杯、清

道光黄釉暗刻赶珠龙纹碗等工艺精湛，保存完整，是明清官窑传统器物中的经典作品。清嘉庆"阿克当阿"款青花八吉祥纹三足炉，为嘉庆五年（1800）景德镇御窑厂督陶官阿克当阿（曾任两淮盐政兼管河工钱粮）监制，这件带有铭文的瓷器对研究运河管理及御窑厂制度等具有重要价值。

外销瓷以明清时期居多，品类丰富，主要有青花、五彩、粉彩、广彩等，器型有军持、盘、汤盅、提梁壶、瓶等，反映了中西文化的碰撞与融合。明青花高士图提梁壶，整体设计以中式风格为主，纹饰是中国传统文化意境画面，装饰手法上则在细微处体现西方审美，在盖沿、口、流等处镶银，盖内刻徽章符号。清广彩荷兰家族徽章纹盘、广彩描金开光庭院人物纹汤盅等器物，则充分彰显异域特色，构图丰满，色彩绚丽。

2. 金属器

金属器在馆藏中数量仅次于陶瓷器，以铜器占比较大，金银器占比较小；时代上明清的较多，先秦两汉的较少。因此我们在征集时注重拾遗补阙，三年来，征集金属类藏品2830件（套），有铜器、珐琅器、金银器和钱币等，时代从商周到晚清民国。

国之大事，在祀与戎，大运河的开凿与军事密切相关。我们征集了一批先秦的铜器12件（套），包括兵器、礼器、乐器等，有商兽面纹铜爵、"亚疑"铜耜、西周铜鬲、战国铜矛、钺、弋、箭镞等，上面多刻有铭文，为研究先秦政治、军事、社会生活等提供了丰富的实物资料。

以金属为胎、用珐琅釉料制作的珐琅器，作为远道而来的舶来品，它沿着丝绸之路走来，又沿着运河之路传播，是中西文化交流的华丽见证，成为我们重点征集的特色品类。三年来征集27件（套）造型各异、工艺精湛的明清珐琅器，进一步充实了馆藏珐琅器系列。

金银器17件（套），时代从宋至明清，其中宋镶宝石龙首金链设计精妙，与"南海Ⅰ号"沉船出水的南宋金项饰形制相似，殊为难得。明银鎏金束发冠、银鎏金嵌白玉瓜果纹耳珰等，工艺精湛，构思巧妙，是大运河带来沿岸美好生活的实物见证。

3. 玉石玻璃器

"石之美者，玉也"，玉器是中华文明的重要组成部分。从早期的良渚文化玉器至明清宫廷供玉，玉文化一直与大运河的发展变迁息息相关。三年来我们征集玉石器52件（套），时代从春秋到民国，器型多样，纹饰精美，工艺精湛，丰富了馆藏玉石器体系。其中江苏顺山集遗址出土的一批石器，包括石斧、锛、磨球等，反映了淮河中下游新石器时代聚落文化。唐代符离县石界碑，作为曾立于隋唐大运河沿岸的界碑，标注了符离与周边重要城市的确切距离和方位，为研究唐代的交通和驿道制度提供了重要信息。春秋蟠虺纹玉璜、汉代谷纹玉管、玉璧、玉剑璏等，反映了玉器早期的礼玉性质，唐代的白玉组佩、元明清玉带板、玉饰件、玉摆件等，则反映了玉器世俗化、艺术化的发展演变过程。

澄澈剔透、流光溢彩的玻璃，凝聚着古代匠人巧夺天工的技艺。中国生产玻璃器的历史可追溯到西周时期，至清代到达巅峰水平。三年来我们征集了18件（套）玻璃器，时代从战国、六朝至清代，虽然数量不多，但件件精妙，美轮美奂。战国蜻蜓眼玻璃珠、六朝黄绿色玻璃碗、宋绿色玻璃执壶、蓝色玻璃长颈瓶、浅蓝色玻璃花口瓶等，这些舶来品是反映中外文化交流的重要实物。清"乾隆年制"款黄色玻璃八棱瓶、蓝色玻璃长颈瓶、白色套蓝绿色蟠螭纹胆瓶等，是乾隆时期玻璃技术达到顶峰的实证。其中"乾隆年制"款金星玻璃福寿纹山子，设计巧妙独特，雕刻技艺精湛，装饰题材寓意吉祥，为清宫造办处玻璃厂与玉作完美配合完成之佳器，是极为罕见的带有明确款识的金星玻璃，弥足珍贵。

4. 杂项

三年来，我们征集杂项70件（套），涵盖漆器、竹木牙角雕等类别，品类繁多，各有特色，各有其美。中国的漆器工艺历史悠久，发展至元代，江浙一带是全国漆器制作中心，扬州、嘉兴地区生产的雕漆、螺钿漆器盛极一时，特色漆器以进贡的形式经大运河源源不断地输送至紫禁城，成为紫禁城的宫廷日用及观赏器，极大地促进了江南地区漆业的繁荣发展，名匠辈出，涌现了元末雕漆名家杨茂、明末清初镶嵌漆艺名家江千里等。元剔红楼阁人物图八方盘，雕刻细腻，刀法圆熟，磨制光滑，与故宫博物院收藏的元代"杨茂造"剔红观瀑图八方盘风格相似，为元代雕漆之佳作。明永乐红漆戗金八吉祥纹经文夹板是藏传佛教通过大运河传播的重要见证。

清"千里"款黑漆嵌螺钿人物故事图盘、"千里"款黑漆嵌螺钿妆奁屉盒、"葵生"款漆砂砚等，精工细雕，异彩纷呈，代表了清代扬州漆器工艺高超的制作水平。

竹木牙角器中，清山水人物纹犀角杯、牛角雕船形摆件，造型精巧，雕工精湛，是清代骨角雕刻中的精品。民国牙雕人物故事图插屏、染色牙雕仿生鼻烟壶等，造型精巧，雕工细致入微，兼具陈列观赏与工艺研究之价值。民国于硕牙雕微刻诗文山水图章料则为扬州地方巧匠之杰作，尽显工艺之美。

5. 书画文献

中运博馆藏书画不多，而名家书画尤为匮乏。鉴于目前名家书画购买价格高，征集难度很大，我们另辟蹊径，征集与运河历史文化相关的书画作品：一是曾经管理大运河官员所创作的书画作品，他们曾任漕运总督、河道总督或运河相关管理的职务；二是运河沿线书画流派代表人物的作品，包括扬州八怪、京江画派、海上画派等；还有当代著名书画家的作品，既有效弥补了馆藏空缺，又为研究运河历史提供重要实物资料。三年来共征集书画作品64件（套），其中有清代书画家黄慎、边寿民的芦雁图轴各一幅，弥补了馆藏"扬州八怪"书画作品的空白。清代书画家吴蔚为时任两淮盐政阿克当阿所绘的《督漕神速图》，题跋中记述了嘉庆十六年（1811）阿克当阿督漕之功绩，是直接反映大运河漕运的叙事画，与征集的清嘉庆"阿克当阿"款青花八吉祥纹三足炉相互呼应，体现了藏品征集的内在关联。当代著名女书法家萧娴的书法作品《古运河》，是20世纪80年代为无锡古运河饮料厂所题写，匾额我们亦一同征集，是大运河沿线工业遗产的见证物，殊为难得。

此外，我们还征集与运河管理相关的图书文献117件（套），其中关于扬属运河堤工局、两淮转盐都司泰州分司等处的信札文件，是大运河作为漕运、盐运功能的有力佐证，对于运河历史研究提供了重要的实物资料。

（二）精品迭出，形成特色藏品系列

三年来，我们通过不懈努力，围绕构建品类丰富、体系完善、特色鲜明的中运博藏品体系目标，逐步形成了铜胎珐琅器、明清织绣、海丝文物、运河木刻年画、运河鸟类标本等特色藏品系列。

1. 铜胎珐琅器

珐琅作为一种外来工艺，依托大运河漕运体系，得以在全国各地传播和发展。清代中期，中国的珐琅工艺进入发展高峰，尤以乾隆年间为最盛。其时全国的珐琅器生产地，主要集中在北京清宫内务府造办处及扬州、广州等地。目前馆藏珐琅器四十多件（套），初步形成了特色馆藏系列。它们年代序列较完整，基本上涵盖珐琅器发展、繁荣、衰落三个阶段；类别较全，主要有掐丝珐琅、画珐琅等；地域特征突出，有宫廷珐琅、扬州珐琅和广珐琅。宫廷珐琅中清"乾隆年制"款掐丝珐琅缠枝花卉鋈金羊形尊、清"慈禧太后御笔"寿铭掐丝珐琅花卉纹鋈金玻璃柄镜等，为清宫造办处珐琅器的精品。清掐丝珐琅鋈金太平有象熏炉、清"景泰年制"款掐丝珐琅莲托八吉祥纹鱼耳炉，为扬州珐琅精美之作。清画珐琅郭子仪祝寿图菱花式捧盒、清画珐琅冰梅纹盏托等，为广东珐琅器的佳品。

2. 明清织绣

大运河的开通极大地促进了纺织业的发展与繁荣。明清时期，江南地区是全国丝棉纺织业的中心，不仅满足国内市场需求，还大量出口到东亚、东南亚以及欧洲等地。三年来我们征集织绣藏品75件（套），涵盖服饰、陈设用品、匹料、织绣画等多个类别，包括苏绣、鲁绣、粤绣、顾绣等绣艺流派，既有皇室与官员所用的高端珍品，又有地方特色的民间精品，目前馆藏织绣127件（套），其中清顾绣山水人物册页、清蓝色缂金银墩兰团寿纹吉服袍、清明黄色芝麻纱绣彩云金龙十二章纹女龙袍等，均为清代高等级绣品，形成了类型较丰富、品类较齐全、品质较精美的馆藏明清织绣系列。

3. 海丝文物

大运河不仅贯通了中国南北，同时衔接、延伸了陆上丝绸之路和海上丝绸之路，成为中西文化交流的纽带。海上丝绸之路始于秦汉，盛于唐宋元，明清因海禁衰落，乾隆二十二年（1757）广州十三行作为中国唯一海上对外贸易口岸，成为沟通运河与海外贸易的枢纽。随着运河的辐射范围延伸，我们的征集范围拓展到海丝文物，从而进一步体现大运河文化的多元与包容。三年来先后征集了一批广彩瓷、广珐琅、粤绣、外销画等广作工艺品57件（套），同时，还有一批六朝至宋的玻璃器、明清景德镇窑的外销瓷等，在此基础上，一个反映大运河与海上丝绸之路的藏品系列已然形成。

4. 运河木刻年画

大运河是串起中国年画文化的重要纽带，中国东部地区的年画产地基本集中在运河沿岸城镇及其附近区域。三年来征集了苏州桃花坞、天津杨柳青、开封朱仙镇、潍坊杨家埠的年画及木刻雕版249件（套），初步形成了馆藏运河木刻年画系列。

5. 运河鸟类标本

大运河流域是我国生物多样性较丰富的区域，多姿的禽鸟是运河生态的精灵，鸟类标本是我馆自然标本的征集重点。三年来征集了鸟类标本39件，其中白鹈鹕、雀鹰、鸿雁、画眉是我国国家重点保护野生动物名录或濒危野生动植物种国际公约（CITES）附录物种，具有极高的收藏和展示价值。目前馆藏鸟类标本已初见规模，形成了15个目31个科共计93件的运河鸟类标本系列。

（三）美美与共，发挥藏品活化利用功能

三年来，我们的藏品征集工作立足于保护和传承大运河文化，充分发挥为展览、社教、文创服务的功能，积极且高效地将征集成果惠及广大公众。

加强藏品研究，利用新增藏品推出形式多样的展览。三年来，相继推出了"飞羽世界——馆藏鸟类标本展""方寸雅致——馆藏文房用具精品展""华彩熠熠——馆藏珐琅器精品展"等线上展览；2025年3月我们策划推出"从运河出发：中国大运河博物馆2022—2024年藏品征集成果展"特展，将这三年的征集成果向公众呈现与展示，与公众及时分享征集成果；《大运河》百米刻纸长卷先后赴南京、太仓、新疆克孜勒苏柯尔克孜自治州等地巡展，清"苏州府"铭官斛等13件（套）藏品借展三峡工程博物馆"大江东去——长江水文化展"；清掐丝珐琅鎏金太平有象熏炉、清嘉庆"阿克当阿"款青花八吉祥纹三足炉等5件藏品，参展江苏省文旅厅举办的"数见苏韵·家门口看大展"环省行活动，社会反响热烈。

新增藏品除用于展览和研究外，也在不断助力文创产品开发，赋能"大运河文化IP"传播。三年来运用新增藏品元素，开发了海船纹铜镜口袋本、《湖光山色》方巾以及湿地寻趣系列等五十余款文创商品，大运河的历史、文化和艺术得以广泛传播。

三、藏品征集工作之感悟

凝露成珠，聚沙成塔。三年来，中运博的藏品征集工作取得了较为丰硕的成果。"器以载道，物以传情"，每一件藏品背后都凝聚着运博人的努力与汗水，更凝聚着上级主管部门和社会各界的关心和支持。回首这三年的藏品征集工作，我们感悟颇深，具体体现在以下四个方面：

一是制度规范的保障。凡事预则立，不预则废。藏品征集是一项严谨而复杂的工作，必须要有制度保障，规范管理。为此，依据中运博立馆性质和宗旨，我们制订了《中国大运河博物馆藏品征集管理办法》，严格规范藏品征集程序，设立了中运博藏品征集鉴定专家库，以江苏省文物局公布的长三角区域文物专家库为主，面向全国遴选各个藏品类别的资深文博专家。藏品鉴定时从专家库中随机抽选三名以上相应类别的专家，抽选过程由江苏省文化和旅游厅纪检部门全程监督，确保征集程序公开公正、合法合规。

二是人才队伍的保障。我们成立了中运博藏品征集委员会，下设藏品征集工作小组，由典藏征集部具体实施。作为一支刚刚组建的年轻队伍，三年来，我们的工作人员从5人增至12人，其中考古学、文物与博物馆等专业人员10人，征集队伍的不断壮大为征集工作开展提供了人才保障。面对时间紧、任务重、经验缺乏的情况，大家不惧困难，不负使命，以满腔的工作热情、昂扬的探索精神、高度的责任担当，在馆领导的关心下，在文博专家们的指导下，从运河出发，积跬步，致千里，在实践中锻炼，在历练中成长，不断积累知识和经验，使征集工作得以交上一份满意的答卷。

三是政策资金的保障。三年来我们共征集藏品4411件（套），其中以征集购买方式新增藏品4186件（套），占新增藏品总量的94.89%，接受社会捐赠新增藏品157件（套），占新增藏品总量的3.55%；通过移交、拨交及其他

方式新增藏品68件（套），占新增藏品总量的1.54%。由此可见，我们的藏品征集主要来源是征集购买，这极大得益于江苏省财政连续三年给予中运博的藏品征集专项经费，充分体现了江苏省委、省政府对中运博的关怀与重视。

四是社会公众的关注与支持。三年来我们接受了43位热心人士捐赠的藏品157件（套）。其中有中国书法家协会主席、一级美术师孙晓云的书法作品《运河颂》，国家级非遗金坛刻纸代表性传承人杨兆群团队创作的刻纸作品《大运河》百米长卷，国家级非遗铜雕技艺传承人朱炳仁的铜雕作品《千浪卷雪》，当代艺术家黄永玉在99岁高龄为中运博专门创作的《扬州慢图》等，正是来自这些艺术大师以及社会热心人士的慷慨义举，为我们的藏品征集增添了厚度与温情。

三载不辍，有实其积。循着千年运河流淌的足迹，我们朝花夕拾，寻觅珍宝，捡拾历史长河中的串串珠贝。运河汤汤，其路漫漫。随着时代的发展，藏品征集工作面临着更多新的挑战，需要我们时刻秉承初心，深耕运河文化，不断拓宽藏品征集渠道，努力提升专业素养，方能使征集之路越走越宽，让大运河这条承载着中华文明的母亲河在新时代焕发出璀璨的光芒！

中国大运河博物馆藏品征集委员会
执笔：刘勤 田帅 刘华
2025年2月

第一章

陶瓷器

Ceramics

001

原始瓷甬钟

战国
长16厘米，宽18.5厘米，高36厘米
2024年征集

　　整体呈合瓦形，舞部平坦，上有中空的柱形长甬，甬部刻划蕉叶纹，下模印一周龙纹，腹部正、背面各有枚18只，9枚一组，鼓部模印龙纹，于呈弧形，铣尖。胎体厚重，呈土黄色，表面施青黄釉。此器制作精良，是研究同时期吴越礼制文化的重要实物。（罗进）

002

原始瓷勾鑃

战国
长18厘米，宽13厘米，高39厘米
2023年征集

　　勾鑃形似两筒瓦覆合而成，两端铣角上翘，舞面中间有一支扁方形实心柄，底沿饰一圈三角纹，内排列"S"形纹样。器物胎壁较厚重，胎色灰黄，器表施青黄釉，剥落。春秋至战国时期，吴越争霸致使大量青铜资源用于武器和农具制造，大量陶瓷礼器成为青铜礼器的替代品出现。勾鑃作为乐悬制度的实物载体，反映了吴越地区对中原礼制的吸收和借鉴。（罗进）

003

青釉云气纹陶瓿

西汉
口径7.5厘米，底径19.5厘米，高44厘米
2023年征集

　　敛口，溜肩，弧腹，平底。肩部置兽
面纹双耳。肩至腹部弦纹间刻划云气纹。
红褐色胎，胎质坚密，施青黄釉至腹部。
造型规整。（罗进）

004

青釉云气纹陶壶

西汉
口径18厘米，底径21厘米，高43.5厘米
2022年征集

　　敞口，束颈，溜肩，鼓腹，平底，肩
部对称置条形系，肩部刻划云气纹和锥刺
纹。胎色黄，施青黄釉至腹部。（罗进）

铭文陶仓

东汉
左：口径10.1厘米，底径19厘米，高47厘米
中：口径10厘米，底径19.3厘米，高46厘米
右：口径10厘米，底径19.8厘米，高48厘米
2023年征集

  三件。陶仓整体呈圆筒状，上大下小，平底，底部有三个跪坐人俑承托仓身，顶部留一圆形仓口，器物胎质粗松，胎色青灰。三陶仓器身皆上下分布数条弦纹，竖排以白色矿物颜料分别书"粟米万石""金谷满仓""千年丰稔"。汉代粮仓主要分为仓、廪和囷，一般圆形称为囷，方形称为仓或廪。（罗进）

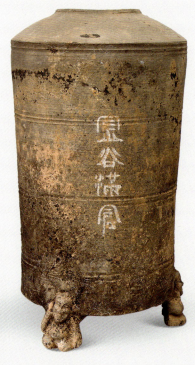

006

青釉堆塑人物飞鸟楼阁谷仓罐

三国吴
腹径23.4厘米，底径13厘米，高36厘米
2022年征集

　　谷仓罐分上下两部分，上部堆塑楼阁，楼正面塑重檐高阁，其余三面上塑飞鸟，下附踞坐俑，各面之间以支柱相隔，柱顶连一小罐。下部为盘口大罐，腹部对称四孔贴塑羊首和伏螭。器物胎质坚密，胎色较黄，外施青黄釉至下腹部。谷仓罐是我国长江中下游地区三国、西晋时期流行的一种特殊明器，生动反映了吴越先民的原始宗教信仰和宇宙观。（罗进）

007

越窑青釉鸟钮熏炉

晋
盖径10.2厘米，底径12.3厘米，高16厘米
2022年征集

　　熏炉由盖、身两部分组成，盖与身子母口扣合，盖顶置一鸟状钮，盖身有镂孔，刻莲瓣纹，底部呈浅盘状，青灰色胎，外施淡青釉。魏晋南北朝时期，熏香习俗在文人贵族阶层普遍流行，熏衣之风尤盛。此熏炉制作精巧，是当时文人贵族托物言志，追求宗教信仰和心灵依托的见证物。（罗进）

008

青釉虎子

西晋
长27厘米，宽12厘米，高18.5厘米
2024年征集

　　器呈蹲伏的虎状，虎昂首，眼睛圆瞪，口部张开，腹部两侧刻有双翼，四肢呈跪蜷状，背有桥形提梁。青灰胎，通体施青黄釉。整体造型精细，线条浑圆流畅。（罗进）

009

青釉贴塑仙人神兽纹洗

西晋
口径24厘米，底径13.2厘米，高9.6厘米
2024年征集

　　敞口，弧腹，平底，口沿及腹部刻划弦纹，贴塑三个仙人骑神兽纹。胎质坚密，施青釉，釉色匀净，形体较大，反映了西晋时期青瓷制作的高超水平，此类器物多系贵族阶层使用。（罗进）

010

洪州窑青釉印花高足盘

南朝
口径18.5厘米，底径9.5厘米，高6.9厘米
2022年征集

　　直口，折腹，平底，高足。内底分区模印纹饰，内圈饰团花纹，外圈饰菊瓣纹，纹饰清晰，布局匀称。器物胎体厚重，施青黄釉，釉面光润柔和。高足盘常用作盛食器，南北朝时期较流行。洪州窑是我国古代著名的青瓷窑场，大运河的开凿成为洪州窑开拓市场的重要基础。（罗进）

011

青釉印花垂莲纹八系罐

南朝
口径13.2厘米，底径12厘米，高24.8厘米
2024年征集

　　敞口，溜肩，弧腹，平底，肩部置八系，横向桥形系与竖向泥条系相间对称分布，肩下一周刻覆莲瓣纹，腹部排列一圈戳印花卉纹样。灰白胎，口部至下腹施淡青色釉，釉层较薄。魏晋南北朝时期，佛教盛行，作为佛教艺术的象征，莲花纹样被广泛运用在陶瓷、石刻、绘画等装饰中，成为反映时代特征的重要标志。（罗进）

012

笼冠陶侍俑

北魏
长5.5厘米，宽5厘米，高25.5厘米
2024年征集

　　灰陶制，人物面颊丰腴，小口，头戴笼冠，上着左衽交领广袖衫，腰束带，下着裙，裙长及地，微露鞋履。左臂隐于袖内自然垂下，右臂微屈，右手执物已佚。

　　笼冠是北魏时期的主要冠饰，是人们在冠帻上加笼巾而形成的。于汉代出现，在中原地区开始流行，北魏迁都洛阳后推动汉化改革，笼冠的使用人群更为广泛，男女皆用，北朝着笼冠者多为侍吏和女官。（张晓婉）

013

青釉四系盘口壶

隋
口径19厘米，底径17.5厘米，高56厘米
2022年征集

　　盘口，长颈，溜肩，肩部贴四个泥条形系，弧腹渐收，平底。颈部及肩部饰弦纹。灰白胎，外施青黄釉至腹部。隋代如此大器殊不多见，弥足珍贵。盘口壶兴起于东汉，早期造型矮硕，后逐渐修长，至隋代盘口较深，肩部带系，整体更具曲线的美感。（罗进）

014

黄釉镇墓兽

隋
长13厘米，宽14厘米，高37厘米
2023年征集

　　此镇墓兽张口吐舌，表情生动，额上长对角，背脊上有锯齿状鬃毛，翘尾紧贴臀部，前肢细长，前身直立，后肢蹲坐。通体施黄釉，线条流畅，躯体饱满。通常隋代镇墓兽体型较小，装饰较简单。（张晓婉）

015

黄釉骑马女俑

隋
长22厘米，宽11厘米，高30厘米
2023年征集

　　马呈低头状，四肢细长，丰臀健硕，刻划的鬃毛舒展，表情生动，似在休息间隙。人物清秀，梳齐分发式，内穿窄袖长衫，外披短套衣，双手隐于袖内，骑跨在马上。承续了前代"秀骨清像"的艺术特点。整体施黄釉，釉色莹润。（张晓婉）

016

三彩武官俑

唐
长17厘米，宽15厘米，高74厘米
2023年征集

　　人物立于圆形台座，头戴鹖冠。鹖是一种勇猛善斗的鸟，唐朝时鹖冠中的鹖多为小雀状，头朝下，两翼匍匐，鹖冠流行于盛唐。人物面颊丰腴，眼凸阔鼻，神情肃穆，双手相叠置于胸前，作拱手侍立状。人物身着立领宽袖长衣，外罩裲裆，下着裳，微露鞋履。头颈不施釉，身衣以褐釉为主，衣袖施有绿釉，裲裆处多种釉色浸润交融，鲜艳亮丽。（张晓婉）

017

彩绘骑马陶俑

唐
左：长26厘米，宽12.5厘米，高33.5厘米
右：长24.5厘米，宽11厘米，高33厘米
2022年征集

两件。俑身彩绘，胡人男俑头戴幞头，凸目阔鼻，身着窄袖翻领缺胯袍，一袖挽起，腰系包袱，足穿黑色高鞠靴，踩住马镫，两手曲臂一前一后似紧握缰绳的姿势。仕女俑面部饱满，梳双髻垂于耳侧，穿红色圆领窄袖长袍，腰间系带，双手隐于袖内，侧身骑于马上，一手扶住鞍鞯，一手垂于马背。唐代妇女喜着胡服男装，此件陶俑也印证了这一风尚。（张晓婉）

018

三彩骆驼

唐
长39厘米，宽15厘米，高53厘米
2023年征集

骆驼四肢伫立，呈行走状，张口嘶鸣，全身以浅黄色釉为主，头颈、双峰、大腿等处施褐釉，釉色自然浸润流淌，光泽亮丽。骆驼造型优美，动态逼真。

唐代丝绸之路更加繁荣，商队络绎不绝，骆驼是商客的坐骑和托运物资的工具，被称为"沙漠之舟"。隋唐墓葬中大量骆驼俑的出现，映照了中外交流的频繁。（张晓婉）

019

三彩戴帽胡人立俑

唐
长15.5厘米，宽13厘米，高64.5厘米
2023年征集

  俑深目高鼻，头戴折檐尖顶高帽。人物立于踏板上，张口露齿作呵斥状。身穿翻领窄袖长袍，长至膝下，两手上下置于胸前，足蹬高筒长靴。表情刻画生动，衣纹清晰。全身只有身衣施黄褐釉，釉面自然流淌，深浅不一。（张晓婉）

020

三彩天王俑

唐
长28厘米，宽12厘米，高81厘米
2023年征集

　　天王也称神王，佛教称其为护法神。
自佛教传入中国以后，古印度神话中的四天
王对中国文化的影响很大，特别是自唐玄宗
以后，常被军中奉为保护神。墓葬中的天王
形象俑是墓主人的守护者。

　　此天王俑表情威严狞厉，左手叉腰，
右手握拳高举，拳心有孔，原应握有武器，
身着明光铠、兽首形护膊，腰下垂膝裙，脚
踏卧牛。头部未施釉，身施白褐绿等色釉，
釉色鲜亮，交融浸润。（张晓婉）

021

三彩镇墓兽

唐
长26厘米，宽21厘米，高75厘米
2023年征集

　　唐代前期镇墓兽多与武士俑组合出现，后渐被与天王俑的组合替代，其形象多威严可怖，用于震慑鬼怪以驱邪。此镇墓兽狮面兽身，张口獠牙，面目可怖，头顶双角，头部有对称鬃毛，上饰刻划纹，下巴有须。肩部生双翼，马腿蹄足。蹲立于台座上，形象威猛狞厉。上身施绿白褐等色釉，腹底褐白釉长条相间，颜色交融流淌。（张晓婉）

022

三彩镇墓兽

唐
长22厘米，宽16.5厘米，高69厘米
2023年征集

此镇墓兽蹲立于镂孔台座上。人面兽身，怒目圆睁，露出獠牙，扇形耳，前额上伸出一根弯曲长角，脑后插冲天戟，马腿蹄足，肩部两侧有双翼。首、座露胎，身以黄釉为主，间饰绿白釉长条，足部施绿釉，双翼黄绿白三色熔融，斑驳淋漓。（张晓婉）

023

寿州窑黄釉枕

唐
长15.7厘米，宽9.8厘米，高8.8厘米
2024年征集

  枕面近似长方形，向下略凹，圆角，平底。黄色胎，除底部外皆施黄釉，釉色均匀。

  黄釉瓷是唐代寿州窑最具特色的产品，唐代陆羽《茶经》记载："寿州瓷黄，茶色紫。"隋代和唐代前期寿州窑产品基本为青釉瓷，唐中期以后，随着窑工对烧造技术的改进，黄釉瓷成为寿州窑的新名片。（罗进）

024

巩县窑绿釉狮柄执壶

唐
口径7.6厘米，底径7.5厘米，高18.4厘米
2022年征集

侈口外卷，直颈，丰肩，鼓腹，假圈足外撇，平底。肩部一侧置圆柱形短流，内侧贴塑兽首装饰；肩部另一侧有一伏在壶口的狮子，其后肢直立，前肢趴住壶口，狮首前倾，狮口衔在壶口上，作欲饮水状，十分生动。胎质细腻，胎体厚重，通体内外施绿釉，釉色深浅不一，流淌变幻。

（罗进）

025

邢窑白釉执壶

唐
口径7厘米，底径7.8厘米，高15厘米
2022年征集

　　敞口，短直颈，丰肩，鼓腹，平底。肩部置圆柱状短流，另一侧贴泥条形曲柄。胎质洁白细腻，通体施白釉，釉色温润匀净。唐代邢窑作为"南青北白"之北方白瓷代表，所产瓷器胎釉质量俱佳，产品"天下无贵贱通用之"。此壶胎质洁白细腻，釉面光亮润泽，体现了唐代邢窑白瓷的制瓷水平。（罗进）

026

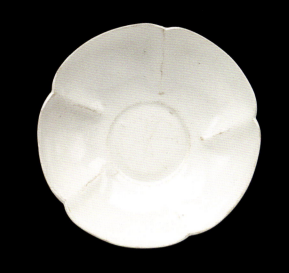

邢窑白釉葵口碗

五代
口径11.5厘米，底径5.5厘米，高3.5厘米
2023年征集

　　葵口，浅腹，圈足。胎质坚硬，胎色洁白，胎壁薄，釉色润洁如羊脂，其葵口造型在素雅中透露出精工细作之美，兼观赏性和实用性于一体，是北方精细白瓷的代表。造型因受金银器影响，腹部多曲，丰盈舒展，厚重饱满中又不失细腻。（罗进）

027

定窑白釉葵口碗

五代
口径17厘米，底径7.2厘米，高5.1厘米
2023年征集

　　敞口，斜直壁，圈足。胎质洁白细腻，胎壁较薄，器身施白釉，釉质温润，釉色洁白略闪黄，口部一圈镶葵口银扣，底部露胎无釉。晚唐以降，邢窑走向衰落，同样以生产精细白瓷为主导的定窑逐步取代邢窑，五代以后，定窑产品在辽境和南方地区广为流通。（罗进）

028

越窑青釉莲瓣纹水盂

五代
口径5厘米，底径6.5厘米，高8.6厘米
2022年征集

　　水盂敛口，丰肩，鼓腹内收，圈足，腹部刻划三层莲瓣纹。胎色灰黄，胎质稍粗，内外施青釉，多处脱釉，足边沿无釉，釉色莹润清亮。自魏晋以来，受到佛教艺术题材的影响，莲花纹样经久不衰。这件水盂虽造型简洁，但不失端庄质朴，展现了清新自然的审美。（张晓婉）

029

越窑系青釉"钱"字款四系罐

五代
口径14厘米，底径9.5厘米，高31.5厘米
2024年征集

　　敞口，方唇，溜肩，肩部贴四系，弧腹，圈足。胎质坚硬，色青灰，内外皆施青釉，釉色较深，釉面光亮，器身布满大线条开片。器物底部刻一"钱"字铭文，刀工遒劲，笔画流畅，或与五代吴越钱氏家族有关。（罗进）

030

青白釉莲瓣纹盘口瓶

北宋
口径10.5厘米，底径9厘米，高30厘米
2023年征集

　　盘口，束颈，斜肩，深弧腹，圈足。
肩部贴两系，形似佛像背光，肩部刻划覆莲
瓣纹，腹部刻划多重仰莲瓣纹，肩腹间有一
周荷叶边捏塑装饰。器物施青白釉，釉色偏
青，腹部釉面较多剥落。此类盘口瓶多为明
器或神煞器，流行于唐宋时期的南方地区。
（罗进）

湖田窑青白釉行炉

宋
口径12.5厘米，底径10.5厘米，高14.6厘米
2024年征集

尖圆唇，平折沿，直腹壁，近底内收，内底略凹，下承炉座，有三层伞状摆沿装饰，上刻划菊瓣纹。胎质细腻洁白，外施青白釉，釉面透亮。陶瓷行炉脱胎于唐代金属长柄行炉，长柄消失，保留炉身。宋代香文化盛行，行炉除用于礼佛外，还被文人广泛用于读书修身、宴客雅集、庙会祈福等场合，在日常生活中扮演重要角色。（罗进）

032

湖田窑青白釉刻花碗

宋
口径16.8厘米，底径4.2厘米，高6厘米
2022年征集

敞口，弧腹，圈足，胎白质坚，施青白釉，釉色青中泛白，白中显青，口沿一圈芒口无釉，系采用支圈覆烧工艺所致。内底刻划细密水波、卷草纹样，手法自然流畅。宋代景德镇窑成为青白瓷制瓷中心，产品在运河沿线均有分布。（罗进）

033

湖田窑青白釉刻花龙柄瓜棱执壶

宋
口径2.4厘米，底径5.3厘米，高10.8厘米
2024年征集

　　直口，短颈，丰肩，肩部置短流，瓜棱形圆鼓腹，平底。有盖，盖扁平，盖沿有一小圆孔系可连接壶柄，壶柄为龙形，俯首曲身贴于肩腹部。肩部一周模印缠枝莲纹。胎白质坚，外施青白釉，釉质清亮。器物制作精细，工艺高超，兼具审美与使用价值。（罗进）

034

湖田窑青白釉水波纹瓜棱执壶

宋
口径10.3厘米，底径7.5厘米，高23厘米
2022年征集

　　敞口，束颈，丰肩，肩部置弯曲长流、双带状曲柄，流外侧刻龙首纹样。肩部另两侧对称贴塑花卉状系，腹部刻划竖条纹，间篦划细密水波纹样。灰白胎，胎质细腻，施青白釉至近足，釉面清亮光洁。整体造型优美，制作规整，反映了宋代湖田窑精湛的制瓷技艺。（罗进）

035

耀州窑青釉刻海水摩羯纹斗笠碗

宋
口径11.6厘米，底径3.5厘米，高3.8厘米
2024年征集

　　敞口略撇，斜直腹，小圈足。内底以刻划海水摩羯纹装饰，刀工娴熟，刻划有力，外壁刻放射形条纹。青灰胎，内外施青釉，釉面失亮。宋代尚饮茶，斗笠盏作为常见茶具在南北方皆有生产，耀州窑青釉刻划斗笠盏又为当时所见的典型产品。（罗进）

036

柿釉斗笠盏

宋
口径13.5厘米，底径3厘米，高4厘米
2024年征集

　　敞口，直腹，小圈足，形似斗笠，故称"斗笠盏"。该盏胎质坚密，胎壁轻薄，内外施柿釉，该釉是一种以氧化铁为呈色剂的高温釉，仿宋代漆器。此盏釉面呈色佳，造型规整，宋代北方定窑、当阳峪窑、耀州窑、磁州窑等窑口皆有该类釉色产品。（罗进）

037

定窑深腹划花碗

宋
口径15厘米，底径5.5厘米，高7.8厘米
2024年征集

　　敞口，弧腹下微收，浅圈足。碗外壁刻划莲纹，刻工技巧娴熟，刀法流畅自如，线条圆浑有力，画面立体感强。黄白胎，通体施白釉，釉面柔和洁净。口沿镶银为后加。（罗进）

038

龙泉窑青釉划花粉盒

南宋
盒径11厘米，高4厘米
2023年征集

　　子母口，浅腹，圈足，盒盖直口，盖面微微隆起。青灰胎，除口沿及外底处其余皆施青釉。粉盒内置三小盏，盏间堆贴莲花，三根带芽枝干由中心蔓延，盖面刻划花卉纹样，刀法自然流畅，画面构图饱满。瓷粉盒出现于唐代，盛行于宋，盒式多样，此器内置三盏可分别将粉、黛和胭脂等化妆颜料集于一器，兼具美观与日常实用性，是反映古代女性生活、审美的文化符号载体。（罗进）

039

钧窑月白釉大碗

金
口径21.5厘米，底径6厘米，高10厘米
2023年征集

敛口，斜腹较深，小圈足。胎质坚硬，除足沿外其余皆施月白釉，釉色温润，釉质凝厚，口沿釉薄处泛褐黄，使得整器轮廓清晰，该器制作规整，形体较大，保存完整，是钧窑瓷器中的佳品。（罗进）

040

淄博窑黑釉出筋双系罐

金
口径14.5厘米，底径8厘米，高18厘米
2024年征集

罐直口，短颈，肩部贴两系，弧腹渐收，圈足。胎体泛黄，口部至腹下施黑釉，釉色纯净，釉面光亮，肩腹排列分布竖形凸棱，棱线露胎色，当地谓之"黑釉粉杠瓷"。部分同类型器物于双系下端可见叉样纹饰，为金代淄博窑极具地方特色的装饰手法。（罗进）

041

定窑白釉印花牡丹纹葵口碗

金
口径18.5厘米，底径5.5厘米，高7.5厘米
2022年征集

　　一对。敞口，口沿呈六瓣葵形，斜弧腹，圈足。内壁口沿处模印回纹一周，内壁模印缠枝牡丹，内底模印花卉纹，外壁光素。胎质细腻，胎体轻薄，釉色白中泛黄。此对碗印花繁密规整，釉色为定窑后期典型的牙黄色，金代是定窑发展的高峰期，从考古发现窑址可知此时期定窑烧造工艺成熟，葵口碗造型在覆烧类器中较为少见，成对出现更为难得。（罗进）

042

青白釉波斯人物香插

元
长11.2厘米，宽5.5厘米，高22.3厘米
2022年征集

  由人物俑与方座组成。人俑头戴箍，圆目高鼻，唇角微张，双手上举，托盘于头顶，盘中部留孔，用于插香，下身半蹲，外着胡衣，腰系宽带。下端承以方形座，座后留有两孔。胎质坚硬，外施青白釉，釉质浓浊。元代大一统帝国的稳定局面和开放包容的经济文化政策促进了世界多民族文化交流融合，此器为"波斯献宝"，造型别致，形象地反映了中外文化交流的历史面貌。（罗进）

043

青花缠枝高足公道杯

元
口径9.3厘米，底径3.5厘米，高9厘米
2022年征集

公道杯是古代的一种特制酒杯。侈口，深弧腹，圜底，下承以中空竹节高足。杯内底置一覆型小盅，盅与杯底连接处留有小孔，盅内装有一管，与杯底相通，盅顶部以青花书"天下太平"四字。杯内口沿一圈绘青花缠枝纹，外壁为缠枝花果纹。该器为趣味酒杯，当酒注入杯中后，中部的瓷管便会上升，令人叹绝。（罗进）

陶瓷器

044

霁蓝釉露胎贴金鱼藻纹盖罐

明嘉靖
左：口径5.4厘米，底径6.2厘米，高13厘米
右：口径5.6厘米，底径6厘米，高13.5厘米
2024年征集

两件。敛口，丰肩，弧腹下收，胫部略撇，圈足，有盖。黄白胎，外部施霁蓝釉，腹部以反瓷露胎技法饰游鱼，四条分别为鲭鱼、鲌鱼、鲤鱼和鳜鱼，以取"清白廉洁"之意，纹饰烧造后留有火石红痕迹，露胎处贴金，多已脱落，白胎与蓝釉地相互映衬。器物为明代中晚期景德镇民窑作品，烧造时间较短，工艺独特。（罗进）

045

青花五彩花卉纹卧足杯

明万历
口径8.5厘米，底径3.6厘米，高2.8厘米
2024年征集

　　敞口，弧腹，卧足。胎壁轻薄，外以青花五彩加饰，画面皆采用双勾平涂法，碗心双线圈内绘缠枝西番莲纹一株，外壁饰一周六组缠枝莲纹，枝叶将花朵围于其中，颇有团团圆圆之感。卧足内书"大明万历年制"六字两行楷书款。（罗进）

046

青花高士图提梁壶

明
口径7厘米，底径12.2厘米，高28厘米
2023年征集

壶溜肩扩腹，弧壁渐收，弯流直提梁，双层纽平盖，器盖一圈及流口以银镶饰。白胎，通体施釉滋润紧致，青花发色明快紫妍。腹部主体一侧为高士弈棋图，二人对坐于石桌前，另有一观棋者静坐一边，似在思索，周围间有奇石疏竹，一派清新雅逸的世外田园风光。另一面则绘携琴访友，童子携琴，高士引路。其造型风格上具有明晚期特征，此式提梁壶于烧造颇为不易，稍有闪失便开裂变形，成品率很低，而此壶形制规整，很是难得。（罗进）

047

青花寿石牡丹纹盘

明
口径51厘米，底径29.5厘米，高10.5厘米
2024年征集

盘敞口，弧腹，圈足，平底，口沿缺已修复。胎体厚重，整体以青花绘饰，内底中部为寿石，石两侧各有缠枝牡丹花卉两朵，内外壁一周皆绘以缠枝牡丹，寓意富贵吉祥，青花晕散浓重，画工流畅自然，纹饰多见于明代早期宣德至成化年间，多为碗、盘类器物装饰图案。此盘形体硕大，当时多作为外销产品运往东南亚、中东等地区。（罗进）

048

"崇祯五年"青花云龙纹香炉

明
口径21.2厘米，底径17.5厘米，高31.5厘米
2024年征集

直口，阔颈，斜弧腹，圈足。香炉肩部及外壁近足处有方形孔，胎质坚密，外表以青花绘制，口沿一圈钱文，颈部数只姿态各异的仙鹤翔游云间，腹部双龙相对，另有两块碑状开光，一块位于龙身，内书："山西泽州周村里九甲，信士李俊国喜施香炉花瓶一付，祈保平安，崇祯五年二月廿日造。"另一块位于两龙头之间，内书："观世音菩萨莲台前供奉。"明末农民起义爆发，窑业衰落，署有崇祯款瓷器较为少见，较为难得。（罗进）

049

黄绿釉仪仗陶俑队

明
俑最小高14厘米，最大高22厘米
轿边长10.8厘米，高20厘米
屋长25厘米，宽11.5—12厘米，高 41厘米
床长28.5厘米，宽 22厘米，高44厘米
马长26厘米，宽9厘米，高22.5厘米
2023年征集

一组三十七件。按照空间排布分为外庭和内庭两部分，外庭是以出行为主的仪仗俑，内庭则反映墓主人生前的起居生活。击鼓俑和吹奏俑在队首，随行轿子一顶、马一匹、牵马俑一名，环绕着轿夫俑和仪仗俑，其后是内侍俑，手中分别执有巾、扇、盆等日用品，陶屋和床在队尾。人物俑皆立于方形台座上，面部不施釉，彩绘出五官，头戴圆帽或卷檐笠帽，身穿绿色过膝长袍或裙装，姿势不尽相同。陶轿为亭阁式，轿顶四角微翘，轿身正面开口，内设座，其余三面围格窗，窗上刻划菱花纹。马饰有辔头、障泥、鞍鞯等，并施彩绘和绿釉。陶屋为单坡，面宽一间，屋正面留有门窗，周围施以绿釉。床为拔步床样式，仿自房屋建筑结构，分前廊及后床，正面施绿釉。

此组仪仗俑再现了墓主人生前出行的盛大场面，为研究明代墓葬及仪仗制度等提供了实物资料。（张晓婉）

050

彩绘生肖陶俑

明
长5.5—6厘米，宽5—5.3厘米，高16.7—17厘米
2024年征集

十二生肖俑，亦称"十二支神俑"，在唐宋墓葬中较为常见，多为兽首人身像，起镇墓辟邪之用。至宋代，变成以人像为主，生肖动物形象变小，被塑于头冠上或置于胸前等。宋以后，十二生肖俑的随葬现象已极为少见。

此一组十二件抱生肖人物俑，红陶模制。人物皆立于方座上，头戴官帽，身着广袖交领长袍，绅带垂下，冠帽、身衣、五官等处施有彩绘，双手各捧一覆有锦布的托盘于胸前，盘上卧不同生肖。（张晓婉）

051

青花岁寒三友纹笔管

清康熙
笔管长16.6厘米，径1.1厘米
笔帽长7.5厘米，径1.5厘米
2024年征集

　　青花笔管，帽、身套合。笔管
上以青花满饰岁寒三友纹，松叶、梅
花团团，竹叶丛丛。其胎质洁白，釉
面光亮，青花发色深沉，于竹叶松枝
聚拢处点染较重，梅花花瓣处留白，
深浅不一，明暗有致，纹饰繁密而不
显杂乱，层次感强。瓷质笔管使毛笔
握感沉重，非文房实用之具，乃是文
人墨客、达官显贵的书房陈设之器或
馈赠之礼品。（张晓婉）

052

青花五彩花鸟纹将军罐

清康熙
口径12.5厘米，底径13.8厘米，高34厘米
2022年征集

　　罐直口，丰肩，弧腹下收，平底，附圆珠顶高圆盖。外以青花五彩描绘纹饰，盖部绘缠枝牡丹，口沿对称绘一组折枝茶花，罐身绘凤凰、牡丹、玉兰，以深浅青花表现山石，一只凤凰昂首立于石上，以红、黄、绿、墨色绘大朵牡丹，玉兰含苞盛放，周边以浅淡青花晕染，阳光下三只鹊鸟上下翻飞。器形端庄饱满，制作规整，线条变化流畅，色彩绚丽。渲染烘托技法为康熙早期瓷器独有的装饰技法，此罐为康熙五彩之佳作。

（罗进）

053

粉彩隋炀帝游西苑图盘

清雍正
口径34.5厘米，底径20厘米，高5.5厘米
2024年征集

敞口，折沿，浅腹，圈足。盘内以粉彩绘隋炀帝夜游西苑场景，画中楼阁高耸，圆月高悬，隋炀帝与臣子临窗而立，楼下数名策马仕女正扬鞭持杆，神采奕奕。画面人物神态逼真，动感十足。题材取自明罗贯中《隋唐两朝志传》第一回"兴宫室剪彩为花"中，描绘隋炀帝修大运河、建洛阳西苑后恣意游乐之景："隋炀帝每于月夜，放宫女数千骑，游于西苑，作清夜游曲，令宫女善歌舞者，于马上奏之。"（罗进）

粉彩隋炀帝龙舟图折沿盆

清雍正
口径37.7厘米，底径21.5厘米，高7.9厘米
2024年征集

敞口，折沿，浅腹，圈足。盘内以粉彩绘隋炀帝乘龙舟游历场景，画中隋炀帝坐于龙舟内，水面微波荡漾，莲荷摇曳，数艘小船载着仕女正在采莲，画面生动，极具动感。纹饰所绘隋炀帝与大运河密切相关，题材内容也直接反映了天子游历江南的历史记载。（罗进）

广彩描金开光庭院人物纹汤盅

清乾隆
盅长20厘米，宽13厘米，高16厘米
托碟长19.3厘米，宽15.1厘米，高0.7厘米
2024年征集

　　一对。器物由汤盅和托碟组成，盅带盖，两侧有端手。器物满饰，通体以金彩织洋莲开光为地，托边沿开光内以麻色绘山水，盅足为麻色织鲨鱼皮锦地开光，盖面、盅腹部及托内底开光处皆绘人物故事纹样。此器是典型的洛克菲勒式瓷器，盛产于乾隆时期，以华丽繁缛的金彩为特征，因美国洛克菲勒家族藏有大量该类器物，因此将同风格广彩瓷称为洛克菲勒瓷。（罗进）

056

**广彩荷兰西奥多鲁斯·范·瑞伍
霍斯特徽章纹盘**

清乾隆
口径23厘米，底径12.5厘米，高3.3厘米
2024年征集

敞口，折沿，浅腹，圈足。施透明釉，
盘沿为描金缠枝花卉，盘心为荷兰范·瑞伍
霍斯特（Van Reverhorst）家族族徽，西奥
多鲁斯·范·瑞伍霍斯特（1706—1758）曾
任职荷兰东印度公司巴达维亚法院院长达17
年。（罗进）

057

"阿克当阿"款
青花八吉祥纹三足炉

清嘉庆
口径21.2厘米，耳距34厘米，高37.6厘米
2023年征集

鼎式炉造型，阔口，短颈，圆鼓腹，下承三象腿形足，肩部置两朝冠耳。胎质细腻，瓷质坚密，内施白釉，釉质腴润。器物外壁以青花绘饰，外口沿处有横向方形双框开光，内题"三元宫"。腹部主体满饰缠枝八宝纹样，花卉饱满，枝叶繁密，层次宛然。香炉正面为缠枝莲托纵向长方形碑状开光，内书"嘉庆庚申年九江关监督阿克当阿供奉"铭款，开光上覆白盖，八吉祥纹自白盖始，顺时

针排序依次饰宝瓶、莲花、盘长、法螺、宝伞、法轮和双鱼，高低错落，富于变化。整器画工严谨，一丝不苟，青花发色沉稳，局部纹饰以重笔点染。

此香炉工艺上佳，器身铭文表明，该炉系嘉庆庚申年（1800）年监管景德镇窑业的九江关督阿克当阿所制，此人在淮安关及扬州均历官职，对研究大运河历史具有重要价值。（罗进）

"嘉庆戊辰"款白釉盉

清
口径8.3厘米，腹径13.7厘米，高12.6厘米
2024年征集

　　圆口，深腹，平底，底有三足。前有流，后有龙形鋬。胎质洁白，通体施白釉，釉面光亮，腹部一圈刻双层回纹，底部青花书"仿周福盉。嘉庆戊辰，西麋宜园近园同造"。此器物造型仿商周青铜器，反映清代瓷器仿古风气。（罗进）

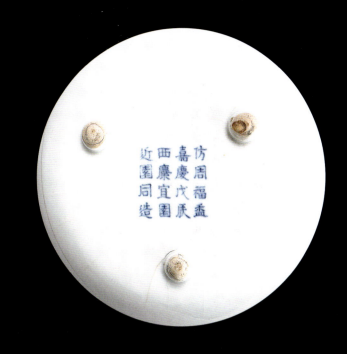

059

青花山水庭院图汤盘

清
口径最长32.2厘米，宽25厘米
底径最长26厘米，宽18厘米，高4.5厘米
2023年征集

　　折沿，浅腹，平底。胎质洁白坚硬，盘内底以青花绘山水庭院，画面右侧为岸边庭院、院内亭台楼阁，梅花绽放，门前架桥与对岸相连，桥上有两人似正归来，一旁三两小舟泛于湖面，远岸处高塔耸立，意境悠长。盘内壁青花绘折枝梅花，口沿一圈饰菱格纹。此汤盘为清中期外销产品，是中西文化交流的见证。
（罗进）

060

青花西厢记故事图盘

清
口径26.5厘米，底径15厘米，高3.8厘米
2023年征集

敞口，宽沿，浅折腹，圈足。胎体轻薄，青花绘饰，盘沿以窗棂纹为地，间以花卉形开光绘八吉祥纹，盘底为《西厢记》中"莺莺听琴"画面，张生坐在窗前操琴，红娘领着莺莺步移窗下，聆听琴声。底部双圈六字款书"大明成化年制"。此盘青花画法细腻，人物、景物刻画传神，从造型纹饰特征上看属外销瓷，《西厢记》题材在西方颇受欢迎，向西方展示了中国古代爱情故事的情境片段。（罗进）

061

粉彩龙凤纹轴缸

清
口径40.8厘米，底径23.7厘米，高35厘米
2022年征集

　　宽平沿，束颈，弧腹，平底。器物敦实厚重，口沿上均匀分布莲花、梅花、牡丹和兰花。颈下以水绿色为地，饰一周如意形缠枝菊纹；腹部圆形四开光内彩绘龙凤纹、荷塘图，开光外彩绘寿桃和八宝图案。器形硕大，胎体厚重，设色清雅，纹饰寓意吉祥，轴缸常用于文房案边放置画轴。（罗进）

062

黄釉暗刻赶珠龙纹碗

清道光
口径13.5厘米，底径4.8厘米，高6厘米
2024年征集

撇口，深弧腹，圈足。胎质洁白，细腻，内施白釉，外罩黄釉。外壁上部暗刻双龙赶珠，龙为五爪，四周盘绕火焰，下部刻以海水江崖。圈足内施白釉，书"大清道光年制"六字篆书青花款。此类碗为清代皇家御用器，器形纹样皆有严格规范，黄釉瓷是为皇家专属，依照规制使用，而内白外黄釉瓷则为清朝后宫皇贵妃用瓷。（罗进）

陶瓷器

063

粉彩百蝶图三管葫芦形瓶

清光绪
单管口径1.5厘米，底径6厘米，高18.5厘米
2024年征集

　　整体由三个葫芦瓶抱合组成，口部三管分立，器物外壁以粉彩绘蝴蝶花卉，蝴蝶翩翩起舞，姿态各异，蝶与"耋"谐音，百蝶寓有"寿至耄耋"之意。器物造型打破常规葫芦瓶形象，体现工匠高超的制瓷技艺。（罗进）

064

粉彩刻云蝠桃熏炉

清光绪
长19厘米，宽15.5厘米，高25厘米
2024年征集

炉呈鬲式，上下分为炉身和炉盖，纹饰浑然一体，外部刻深浅不一的立体纹样，再施以粉彩装饰，炉身寿桃盘绕，三只蝙蝠分别饰于足部，其间卷云纹为地，炉盖顶部双蝠合围露出熏口，设计巧妙。器物色彩浓艳，纹饰繁密，寓意福寿祥和。（罗进）

第二章

金属器

Metalware

铜器

兽面纹铜爵

商
口径7.6厘米，流尾间距15.5厘米，高18.3厘米
2023年征集

　　青铜爵是中国早期酒器之一，也是青铜礼器之一。这件铜爵宽流，尖尾，深腹，圜底，三棱锥形足。流尾部有两个发达的小柱，菌状柱帽。腹部以云雷纹为底，四条浅扉棱分隔四区两组的兽面纹。一侧有鋬，鋬内侧有铭文"周"字。关于爵的用途，目前学术界一般认为是饮酒器，另有学者根据出土的铜爵上烟炱痕，推断它是温酒器。（田帅）

002

"亚疑"铜耜

商
长26.7厘米，宽14厘米，厚6.2厘米
2024年征集

　　刃部呈等腰三角形，向后渐窄，中有脊，椭圆形銎，且有一段加厚带，两侧有半环形钮，銎部铸有铭文"亚疑"两字。该器为研究商代社会生产及族属提供了实物资料。（田帅）

003

龙纹铜鬲

西周
口径15.4厘米，腹径18.5厘米，高16.5厘米
2024年征集

 侈口，折沿，方唇，鼓肩，分裆，三柱状足。肩部饰有龙纹。内壁刻有铭文："大叔之司工，维铸其鬲，孙孙永保用之。"该器保存较为完整，纹饰精美，为研究商周时期江淮地区青铜器提供了实物资料。
（田帅）

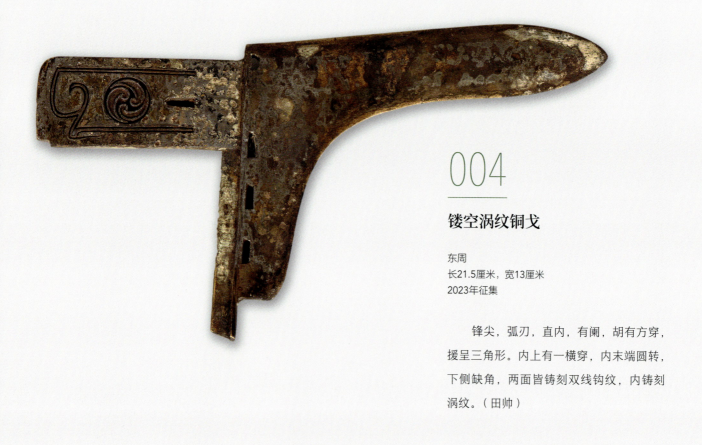

004

镂空涡纹铜戈

东周
长21.5厘米，宽13厘米
2023年征集

　　锋尖，弧刃，直内，有阑，胡有方穿，援呈三角形。内上有一横穿，内末端圆转，下侧缺角，两面皆铸刻双线钩纹，内铸刻涡纹。（田帅）

005

虎纹铜戈

东周
长22.5厘米，宽11.8厘米
2023年征集

　　锋尖，弧刃，直内，胡有方穿，援呈三角形。内上有两圆孔，援末浅浮雕虎纹，张口吟啸，虎耳上有圆孔。戈上虎纹大量见于巴蜀地区的兵器和乐器上，此戈是反映古代巴蜀文化的一件珍品。（田帅）

006

"相邦春平侯"铜铍

战国
长31厘米，宽3厘米，厚1厘米
2024征集

　　尖锋，双刃，平脊，扁条茎。铍身两面共刻铭文25字，正面"十七年，相邦春平侯、邦右伐器工师苾酤、冶醇执劑"；背面"大工尹韩嵩"。关于"相邦春平侯"铜铍的年代，学界一般认为是赵孝成王十七年（公元前249年），该器为研究先秦时期赵国兵器制度提供了资料，具有重要史料价值。（田帅）

007

"左得工""右得工"铜箭镞

战国
长4.4厘米，宽1厘米
2023年征集

　　一对。箭镞是安装在箭杆前端的锋刃部分。此对箭镞弧形长刃，三翼。翼上分别铸铭"左得工""右得工"，"左得工""右得工"是赵国主管兵器生产的官方机构，赵惠文王设置。该组铜箭镞为研究先秦时期赵国兵器制度提供了实物资料。（田帅）

008

刻铭铜矛

战国
长15.6厘米，宽3厘米，厚2.2厘米
2024年征集

　　尖锋，中脊凸起，血槽宽大，圆筒形骹，上部有一钉孔。器表一面刻有"漆垣""高望""漆工"等字；另一面刻有"洛都""燕"等字。其中"漆垣""漆工"为秦国军事重镇上郡（今陕西绥德），这些铭文体现了古代物勒工名制度。（田帅）

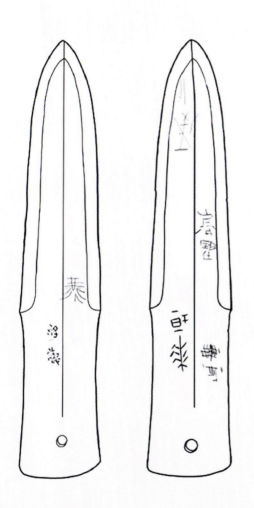

009

"文君"虎钮铜錞于

战国
盘径29厘米，高52厘米
2022年征集

　　顶部椭圆盘，束颈，鼓肩，腹部向下收缩，作椭圆柱形，中空。盘上铸有虎形钮，虎仰头张口，倨牙翘尾，盘边沿铸有"文君"铭文。保存完整，铸造精良，具有极高的历史艺术价值。

　　錞于是古代打击乐器，常与鼓配合，用于指挥和鼓舞士气，也用于诅盟、祭祀等重大礼仪活动。从现有考古资料来看，它始于春秋时期，盛行于战国至西汉前期，主要分布于长江流域及华南、西南地区。虎钮錞于的大量出土，与战国时期巴族同周边国家的交往和战争密切相关。（田帅）

010

铜鎏金盖弓帽

汉
长13.2厘米，底径3厘米，最宽4.3厘米
2024年征集

　　一组七件。外形呈管状，封口一端有柿蒂形装饰，靠近开口处有一向后倒钩的牙状突起，它的作用是钩住伞盖边缘使之张开。弓帽一般十几或二十几个为一组，古人认为二十八根盖弓骨及与之相配的二十八枚盖弓帽象征二十八星宿。该组铜鎏金盖弓帽华贵、精致，有利于我们厘清汉代马车形制，加深对鎏金等金属加工工艺的了解，也有助于我们了解汉代人的审美观和精神世界。（田帅）

011

铜博山炉

汉
口径10厘米，底径8厘米，高20.2厘米
2022年征集

焚香器具，象征传说中的海上仙山而得名。盖与身子母口扣合。盖呈镂空山形，上刻重瓣蕉叶纹。炉身豆形，竹节状高柄，喇叭形底座。顶部一小环钮，有链与炉身一侧环钮相连。环环相扣，设计精巧，保存完好，铸造工艺精湛。

博山炉是汉代的焚香用具，与道教的盛行密切相关，它反映了汉代人的信仰体系和对长生不老、羽化升仙的追求。（田帅）

012

铜提梁鋞

汉
口径12厘米，高17.5厘米
2022年征集

　　鋞是保温的器具，用于盛酒或盛食。弧形盖，扁平钮，子母口，直腹，平底，三矮兽蹄足。上腹两侧有对称衔环，环由龙首提梁相连。该器造型独特，制作精美，保存完整，具有较高的历史和艺术价值，尤其是龙首衔环工艺复杂，代表了汉代高超的青铜铸造水平。（田帅）

013

铜带钩

汉
上：长11.2厘米，宽4厘米，高1.8厘米
下：长9.5厘米，宽3.9厘米，高1.5厘米
2023年征集

　　两件。带钩是古时人们用来束腰的革带上面的挂钩。该组带钩钩首均为回望螭首，钩尾为浮雕蟠螭纹或虎纹。钩尾下有圆形钩钮。这些带钩铸造精美，保存完整，具有重要的艺术、科学、历史价值。（田帅）

014

鎏金兽首衔环铜铺首

北朝
铺首长12.5厘米，宽11.9厘米
环最长12.5厘米，最宽10厘米
2023年征集

一对。铺首方形，主题纹饰为一兽面，头上两侧有两角上扬内卷，两耳竖立，额顶上立两只展翅凤鸟，两眉上卷，双目圆睁，三角高鼻，獠牙外撇，兽面两侧饰涡纹，下部衔环，桃形环上透雕双龙纹。整件铺首衔环采用浮雕和透雕相结合的铸造工艺，工艺精湛，通体鎏金，有着很强的艺术感染力，体现了北朝时胡汉文化相互融合的历史面貌。（田帅）

015

"千秋万春"铭盘龙纹铜镜

唐
直径24厘米，厚1.3厘米
2024年征集

八瓣葵花形，圆钮，窄平缘。主纹饰为一浮雕盘龙，龙口大张，以钮为珠，身下两朵祥云。外区四朵祥云和四个文字花饰，铭文合读为"千秋万春"。此镜可能是唐玄宗赏赐大臣之物，《旧唐书·礼乐志》载，唐玄宗将其生日八月五日定为"千秋节"（又作"千秋金鉴节"），这一天各地都铸造铜镜，作为祝寿或互赠的礼物，唐玄宗也向群臣赠龙纹镜，有《千秋节赐群臣镜》诗句为证，曰："铸得千秋镜，光生百炼金。分将赐群后，遇象见清心。"该镜上乘之作，且镜尺寸大，龙鳞清晰，尤其是"千秋万春"四字铭文更是少见，保存完好，殊为珍贵。（田帅）

016

双鸾衔绶龙纹月宫铜镜

唐
直径16.5厘米，厚0.8厘米
2024年征集

　　该镜呈葵花形，镜背纹饰分上、中、下三部分，集龙纹、鸾鸟、月宫图案为一体。钮两侧各一鸾鸟展翅飞向月宫，月宫中有桂树，树下两侧是捣药的玉兔和跳跃的蟾蜍，钮下方一蛟龙跃出海面，曲颈昂首，画面四角饰以祥云补白。从整体来看，镜背纹饰构思别致，内容丰富，对称而不呆板，空灵而有张力。

　　唐月宫镜的出现及流行说明此时期关于嫦娥奔月的传说深受民间喜爱。唐代诗人对此类镜也多有吟咏，如薛逢《追昔行》："嫁时宝镜依然在，鹊影菱花满光彩。"李贺《美人梳头歌》："双鸾开镜秋水光，解鬟临镜立象床。"（田帅）

017

抚琴引凤纹铜镜

唐
直径16厘米，厚1厘米
2024年征集

八瓣葵花形，龟形钮，荷叶状钮座。镜背左方一人置琴于膝前，身前有几案，身后有四竹三笋。右方一只凤鸟振翅翘尾起舞，上有两棵树。钮上为飞翔的仙鹤及云山日出，下为池水山石，池中向上伸展的荷叶和荷叶中乌龟正好构成镜背中心的钮与钮座。该镜背画面为散点构图，疏朗流畅，饱满而富有生气，呈现出健康浓烈的审美情趣，展现出浓郁、率真、自由奔放的盛唐气象。它是研究唐代社会生活的重要实物资料，对于研究我国古代的铜镜、金属制造技术等均有重要价值。（田帅）

018

"荣启奇问曰答孔夫子"铭葵花镜

唐
直径12.7厘米，厚0.7厘米
2024年征集

六瓣葵花形，圆钮。钮上方有一方框，内有铭文"荣启奇问曰答孔夫子"。人物故事取材于《列子·天瑞》，情景为孔夫子问荣启期。荣启期答以为人、为男、高寿三乐，又称"三乐镜"，表达出荣启期乐观豁达的精神，传递着"不以物喜，不以己悲"的处世态度。（田帅）

019

"咸平三年庚子东京铸钱监铸造"铭花卉纹铜镜

北宋
直径13.5厘米，厚0.7厘米
2024年征集

该镜为亚字形，小鼻钮，无钮座。镜背以两圈凸弦纹间隔为内外两区，内区为主体纹饰区，饰对称的缠枝花卉；外区为铭文带，铭文内容为"咸平三年东京铸钱监铸造"13个篆字。"咸平"为北宋真宗赵恒年号，咸平三年即公元1000年。铸钱监是宋代铸造铜钱的机构，由于钱荒始终伴随宋代一朝，为缓解钱荒，朝廷采取禁铜政策，严格限制民间铜器生产，且必须在官府监督下生产流通，使得"销熔十钱得精铜一两，造作器用，获利五倍""民多销铜钱为器，利率五倍，乞禁约"，销钱铸器成为宋时普遍现象。该镜时代明确，为研究宋代制镜业及社会状况提供了实物资料。（田帅）

020

铜净瓶

宋
口径2厘米，底径5厘米，高21厘米
2022年征集

　　一对。平口、细长颈、溜肩、长鼓腹、矮圈足，肩部饰两道弦纹，余素面。造型优雅，材质上乘，具有晚唐至宋的净瓶造型特征。净瓶有带流和不带流两种形制，带流的也称"军持"，为佛教比丘十八物之一。它一般用于盛水，供饮用或洗濯，是礼佛供养之器具，后也在百姓日常生活中流行。（田帅）

021

"煌丕昌天" 海船纹铜镜

金

直径17厘米，厚0.4厘米

2022年征集

　　八瓣菱花形，半球形钮，镜背浮雕一艘海船在波涛汹涌的大海上航行，桅杆高耸，船帆扬起。水曲纹铺满镜背，波峰波谷规整，船头、船尾数人，图案布局紧凑生动，俨然一幅海上远航图。钮上方有四字铭"煌丕昌天"，寓意上苍保佑，天下兴盛。铭文和铜镜纹饰相互呼应，希望保佑航海顺利。海船镜又叫船舶镜、航海镜，在宋金时期比较流行，反映出我国宋金时期航海事业的发达与海上贸易的繁荣。（田帅）

022

海八怪纹铜镜

金
直径19.8厘米，厚0.3厘米
2022年征集

　　圆形，圆钮，窄缘。镜分内外两圈，内圈为高浮雕海水八怪纹，波涛汹涌的海中，间饰鱼、海龟、仙人等海中异兽和人物形象，在海水之间跳跃追逐，充满动感。（田帅）

023

许由巢父故事图铜镜

金
直径11.8厘米，厚0.2厘米
2023年征集

　　圆形，圆钮，平缘。表现内容为宋金时期流行的"许由巢父"人物主题故事，以山水茅屋为画面背景，左侧许由蹲姿、侧身，作洗耳恭听状，右侧巢父牵牛、站姿，画面表现二位对话场景，颇为生动。许由巢父镜在宋金时期的流行，说明此题材所反映的精神内涵符合当时文人雅士的精神追求。（田帅）

024

"隆庆二年"铭铜镜

明
直径9.2厘米，厚0.3厘米
2023年征集

　　圆形，圆钮。镜背以一道弦纹分为两区，内区绕钮上下有"隆""庆"两字，左右有"二""年"两字，外区素面无纹。该器保存完好，年代清晰，为研究明代铜镜提供断代依据。（田帅）

025

四体文刻铭铜权

元
左：底宽5.2厘米，厚3厘米，高9.5厘米
右：底宽5.3厘米，厚3厘米，高9.7厘米
2023年征集

　　两件。顶部为一倒梯形钮，腹部为上窄下宽的六面体，底部为一六面体台阶式底座，平底，实心，器身有斑驳的锈蚀痕迹。

　　权身正面分别阴刻"至元三十一年大都路造""大德九年大都路造"，反面阴刻"二十五斤"，侧面阴刻八思巴蒙文、回鹘式蒙文、波斯文，根据铭文此两件铜权分别为元世祖忽必烈统治晚期（1294）和元成宗统治时期（1305）铸造。

　　元朝度量衡制度由国家统一管理，权身分别铸有各路的标记，此两件应为大都路制造铜权，保存完整，制作精良，为了解元代度量衡制度提供了实物资料。（田帅）

026

"洪武五年应天府造"铭铁权

明
底径5.5厘米，高10.8厘米
2024年征集

　　倒梯形钮，有孔，钮以下呈鼓腹束腰形，腹下为圆台阶式底座。腹部刻有铭文"洪武五年""应天府造"。"洪武五年"即1372年，"洪武"为明朝开国皇帝朱元璋的年号，该件铁权为研究明初的度量衡制度提供了实物资料。（田帅）

铜黑漆古戗金树石人物图香具三式

清
炉：口径6.8厘米，腹径12厘米，高12厘米
瓶：口径2.1厘米，底径3.1厘米，高8.2厘米
盒：口径6厘米，高3厘米
2023年征集

香具三式造型仿传统五供，既反映礼制，又表达文人崇敬之心。用途多样，炉可燃香，瓶作插器，盒盛寸香，置于海棠式嵌虬角带托泥木座上。炉下承三柱足，置对称兽耳，短直颈，肩处一周瓜棱形，盖镂雕云气纹，兽钮，除腹部外皆鎏金；盒配座，内里鎏金；瓶花形口，底座镂孔鎏金。炉瓶盒身呈"黑漆古"，皆戗金花鸟人物，典雅华美，是陈设之佳器，亦是赏玩之绝品。（田帅）

028

掐丝珐琅狮戏纹碗

明
口径19.5厘米，底径8.5厘米，高9厘米
2024年征集

　　敞口，弧壁，深腹，圈足。通体以天蓝釉为地，内填饰龙纹，似于碗底遨游，其体态遒劲，气势磅礴。口沿及底部处鎏金。外壁以掐丝珐琅填饰瑞狮戏球纹样，做工精美，纹样别致。整体来看该碗造型端庄，掐丝工整，彩釉鲜艳，纹饰图案繁复精美，填绘流畅。（田帅）

029

掐丝珐琅凤穿牡丹纹碗

明
口径22厘米，底径10.3厘米，高10.5厘米
2024年征集

　　敞口，尖圆唇，弧壁，圜底，矮圈足。
通体以天蓝珐琅釉为地，口沿处饰一圈五彩
卷云纹，腹部饰凤穿牡丹纹，内壁满饰鱼鳞
纹，内底饰一对蟠螭纹，圈足外饰一周花卉
纹。该碗造型端庄，纹饰繁复，为明代晚期
典型式样。（田帅）

030

掐丝珐琅菊花纹筒式炉

明
口径9.5厘米，底径8.3厘米，高9.8厘米
2023年征集

炉呈筒式，直壁，平底，三蹄足。口沿、底部及足部等处鎏金。外壁分两层装饰，口沿下以绿、蓝色釉为地，绘缠枝花卉纹一周。腹部以浅蓝色釉为地，用红、草绿、墨绿、莹白、葡萄紫等色釉描绘出缠枝菊花纹。釉色具有晶莹的透明感，釉料饱满，砂眼分布自然。整器造型稳重古朴，掐丝精细，釉色丰富，色泽纯厚，局部鎏金，璀璨生辉，宫廷气息浓郁。（田帅）

031

掐丝珐琅缠枝莲纹炉

明
口径11厘米，底径7.5厘米，高8厘米
2023年征集

敞口，圆鼓腹，矮圈足。通体以深蓝色珐琅釉为主色，以红、黄、白、天蓝等釉色填饰掐丝作缠枝莲纹。此炉造型敦厚，虽无款识，但白、黄两色具有明代万历时期珐琅特点。（田帅）

032

掐丝珐琅缠枝莲纹贯耳瓶

明
口径3厘米，底径4.8厘米，高12.7厘米
2023年征集

　　仿汉代投壶样式，平口，贯耳，高直颈，圆鼓腹，矮圈足。器表以白色釉为底，填绘缠枝花卉纹，花朵造型饱满，体态庄正，排列有序而颜色各异，极具装饰美感。此件贯耳小瓶造型小巧，掐丝细致，用色大方艳丽，具有明代皇家气息。（田帅）

033

掐丝珐琅缠枝莲纹大壶

清
口径20厘米，底径23厘米，高55厘米
2024年征集

　　盘口，束颈，鼓腹，高圈足。通体以
浅蓝珐琅釉为地，壶身以缠枝莲纹为主题，
再以各色釉料为枝叶，古朴典雅，掐丝工艺
繁而不乱。该壶使用多种釉料，釉面打磨光
亮，器形硕大，气势恢宏，胎体厚重，是清
代早期仿制汉壶样式，或为宫廷陈设之器。
（田帅）

034

掐丝珐琅兽面纹方壶

清
口边长9.8厘米，底边长10.2厘米，高29厘米
2024年征集

　　仿青铜钫造型，敞口，束颈，下腹微垂，高圈足外撇，腹部两侧置铺首衔环。整器以湖蓝色釉为地，以宝蓝、红、绿、白、黄等色填饰各色纹饰图案。颈部饰蕉叶纹，肩部饰鸟纹，腹部饰兽面纹。整器掐丝繁密不乱，构图考究，布局有致，色泽纯正，细润明亮，有天然宝石之美感。（田帅）

035

"宣德年制"款掐丝珐琅缠枝莲纹三足炉

清
口径11.6厘米，高9.7厘米
2023年征集

　　平口，折沿，短颈，圆鼓腹，三乳足。整器通体质地坚实细腻，器表以天蓝色珐琅釉为地，色泽纯净均匀，其上掐丝勾勒线条，填入红、绿、紫等各色珐琅彩绘饰图案，色调沉稳而雍容。以缠枝莲纹为装饰图案，藤叶自肩部向下蔓生，蜿蜒于器

表，枝叶宽厚，叶脉之中又以掐丝金线表现茎秆纹路，虽为装饰纹样，亦可体现叶脉波折之态。底刻"宣德年制"四字两行楷书款。整件炉器色彩艳丽，掐丝精细，花纹流畅，釉色亦较为厚重，具有康熙时期掐丝珐琅的特点。（田帅）

036

掐丝珐琅蕉叶夔龙缠枝莲纹方觚

清
口径19.5厘米，底径18.5厘米，高27厘米
2023年征集

仿商周时期青铜器式样，呈四方形，敞口，边棱出戟。通体以天蓝色珐琅釉为地，器身掐丝珐琅饰缠枝莲、蕉叶纹内嵌变形螭龙纹。整器精美华丽，古朴庄重，气韵高贵，具有显著康熙时期的掐丝珐琅特征。（田帅）

金属器

037

"乾隆年制"款掐丝珐琅缠枝花卉鎏金羊形尊

清
长23.3厘米，宽17厘米，高17.5厘米
2023年征集

通体呈卧羊形态，体态丰腴饱满，口部微张，双目炯炯有神。周身以掐丝绘制各式花卉图案，天蓝色珐琅釉为地，红、黄、蓝等多色珐琅釉填绘花朵。腹底留铜鎏金长方块，上阴刻"乾隆年制"四字楷书款。"羊"字因发音与"祥"相近，故以羊来表示吉祥，称"大吉羊"，具有美好寓意，是清代宫廷陈设之器。（田帅）

"大清乾隆年制"款掐丝珐琅
夔龙纹高足杯

清
口径8厘米，底径3.8厘米，高7.6厘米
2023年征集

一对。侈口，弧腹，束颈高撇足。口沿、内壁等处鎏金。器身以蓝色珐琅釉为地，外壁以掐丝技法制夔龙团寿纹，间饰缠枝花卉纹。圈足底心錾刻方形双框"大清乾隆年制"六字两行楷书款。该杯虽小，但整体比例十分合理，造型匀称，掐丝线条精致有度，做工玲珑清秀，金色亮润，釉料深沉，透露出富丽典雅的皇家气息，为典型乾隆宫廷掐丝珐琅御制之物。（田帅）

"景泰年制"款掐丝珐琅莲托八吉祥纹鱼耳炉

清
口径21.6厘米，底径13厘米，高29.6厘米
2023年征集

平口，上压将军盖，盖钮作镂空鎏金宝珠钮，钮形圆润，饰缠枝莲托八卦纹，增其挺拔之气。炉身作钵式，腹部浑圆，肩两侧对称饰鎏金鱼耳，鱼的形态刻画得极为写实生动。通体掐丝珐琅填彩装饰缠枝莲托八吉祥纹，纹饰艳丽璀璨，繁冗细密，口沿、盖钮及足端等均鎏金装饰，底部饰阳文"景泰年制"四字楷书款，款体遒劲有力。整器富丽堂皇，彰显皇家地位。此件作品布局紧凑，釉料颜色丰富饱满，具有乾隆时期扬州珐琅器的特征。（田帅）

040

掐丝珐琅海棠式盆玉石花卉盆景

清
盆长18.3厘米，宽13.7厘米，高25厘米
2023年征集

　　一对。花盆海棠形，如意云纹足，采用掐丝珐琅工艺，通体天青色珐琅釉为地，釉料莹润，口沿、腹棱鎏金，盆沿绘卷草花，四面折枝卷草纹，中间开光饰"福庆有余"纹。盆景主景为三株海棠花，以各色丝线缠金属丝作枝，碧玉叶片，芙蓉石花瓣，骨牙花苞。旁衬以三株料石花，有梅花、月季、牵牛、葵花等，配铜片小草。纹样繁而不乱，工艺较精，整体富有生机，鲜妍华美。此器具有清代宫廷御用器物的风格，为宫内陈设用品之佳器。（席晓云）

041

掐丝珐琅松鼠葡萄纹象足狮钮盖炉

清
口径19.2厘米，高23厘米
2023年征集

　　直口，平沿，立耳，圆鼓腹，三象形足。炉口有盖，盖隆起，狮形钮，狮子两耳外耷，立身侧首，造型小巧。炉体通体以蓝釉为地，除炉盖中心作海浪卷纹环于狮钮，其余均绘松鼠葡萄纹。葡萄枝叶均以深浅两色施绘，既显色泽丰富变换，又突出画面远近纵深之感。松鼠亦分黑白两色，穿梭于葡萄枝叶之间，身形或弯躬蜷曲，或回身扭转，各不相同，极富情趣。该器造型独特，设色丰富，具有典型的晚清特征。（田帅）

042

掐丝珐琅花蝶纹抱月瓶

清
口径3.7厘米，底径8厘米，高30厘米
2023年征集

一对。敛口，束颈，扁圆腹，矮圈足。瓶圆若满月，故称"宝月瓶"或"抱月瓶"，其造型源自阿拉伯地区的金属或玻璃器皿。肩颈部饰一对夔龙，游梭穿插于折纹之间。口部以黄釉为地，以蓝绿黄三色绘如意纹，其间于黄釉之上描绘神龙腾云驾雾，悠游于五彩祥云之间。圆腹侧身以蓝釉为地，通绘缠枝莲纹；腹身正面以各色釉料描绘花蝶图案，蝴蝶姿态各异，翩翩起舞，花朵姹紫嫣红，呈现一派华丽夺目景象。该器纹样繁复艳丽，造型典雅，具有典型的清晚期特点。（田帅）

043

掐丝珐琅璎珞缠枝莲纹佛塔

清
底边长7.2厘米，高21厘米
2023年征集

　　通体分塔刹、塔身、须弥座及足四部分，塔刹火焰、日、月、华盖饰鎏金，代表佛教中最理想的天界；相轮上敛下丰，层层堆栈，共十三级，象征佛教十三重天。通体以浅蓝色釉为主。塔身为覆钵式，塔肩部浮雕多组鎏金兽面纹，口衔璎珞，前部置一佛龛。腹部饰有掐丝珐琅宝相纹。须弥式塔座呈方形，分有上下二层，中间束腰，饰有卷草纹和仰莲纹。该器具有清代中期的工艺特征，具有较高的陈列及研究价值。（田帅）

044

"慈禧太后御笔"寿铭掐丝珐琅花卉剔红五福捧寿纹鎏金玻璃柄镜

清
镜：宽14.7厘米，厚2.9厘米，高34.5厘米
座：长16.4厘米，宽11厘米，高22厘米
2023年征集

　　该器由镜身、镜柄两部分构成。镜身呈倭角方形，正面为玻璃镜，用以照面；镜背剔红，以"卍"字纹为地，中间刻"寿"字，四周环绕寿纹和蝙蝠纹。"寿"上方有篆书"慈禧皇太后御笔之宝"，右上侧有楷书"慈禧皇太后御笔"，左下侧有楷书"光绪二十年十月十五日"字样。沿镜边嵌蓝珐琅描金花卉镜圈，用以固定镜面、镜背。镜柄为棍状直柄。镜身、镜柄由卷草纹衔接。柄底端嵌铜镀金箍。（田帅）

045

掐丝珐琅鎏金太平有象熏炉

清
口径25.7厘米，盖径25厘米，高44厘米
2023年征集

平口、厚口沿，深弧腹，器身两侧各置一铜鎏金象鼻形耳，底承三铜鎏金象首足。炉盖高拱，作如意云头式开光，外以铜鎏金镂雕缠枝莲纹。盖顶置一铜鎏金卧象，并驮有聚宝盆，取太平有象之吉祥寓意。口沿处錾刻一圈回纹。炉身以天蓝色珐琅釉为地，单线掐丝莲纹，双线掐丝叶脉缠枝。

此炉用料发色与传统京造珐琅釉有明显不同，且画面布局丰富紧凑，可能为扬州珐琅典型器物。此炉为宫殿陈设器、实用器，通常放置于大殿内两侧，用以焚香和装饰殿堂。（田帅）

046

画珐琅郭子仪祝寿图菱花式捧盒

清
口径37厘米，底径27厘米，高14.5厘米
2023年征集

一对。通体呈菱花式，铜胎画珐琅彩。盒盖上以花形开光，开光内绘人物故事图。画面图案来源于典故"郭子仪拜寿"，只见郭子仪端坐正堂之上，前来贺寿的官员分列两侧，秩序井然，其下有二人行叩拜之礼。朝堂两侧有乐队吹拉弹唱，画面热闹。亭台楼阁、绮户画栋皆绘制精细。开光外、盖盒口沿以金色如意云头装饰一周，其外以缠枝莲映衬烘托，彩色艳丽，起承转合光影分明，颇具清代广东画珐琅之热闹繁复风格。此对盖盒描绘了人物几十位，且细致入微、神态各异，是清代铜胎画珐琅精品代表之一。（田帅）

047

画珐琅黄地花卉纹碗

清
口径11.8厘米，底径5.5厘米，高6.1厘米
2023年征集

　　一对。侈口，垂腹，圈足。碗内除底部饰有一朵彩色折枝花卉外，其余施白色底釉。口沿饰一圈黑釉龙牙蕙草纹，外腹部满饰缠枝花卉，圈足饰一圈粉红釉龙牙蕙草纹。（田帅）

048

画珐琅嵌玻璃八吉祥纹桃形挂钟

清
长17厘米，宽12.5厘米，厚3.5厘米
2024年征集

　　一对。挂钟以桃子为形，中心表盘为白色珐琅面，外围以蓝色珐琅为地，描绘八宝、荷花、佛手等花卉纹。背面有一圆形活盖，打开可看到机芯。机芯刻款"Clerke London""Rob（ert）ChassereauLondon"。

推测为购买者的姓名。亦刻有"slow""fast""No2527""841"等字样，推测是编号和调节快慢的标识，并各配有拧发条的钥匙。该器融合中西方文化元素，是清代中外交流的见证物。（田帅）

金银器

049

镶宝石龙首金链

北宋
长90厘米
2023年征集

　　金质。金线编织而成，带钩呈长条形，首尾两端有环扣和挂钩。钩首、钩尾均为龙首形，龙首呈张口状，双目镶嵌有红色玛瑙石。该器构思巧妙，制作精美，具有重要的历史、艺术和展陈价值，与"南海Ⅰ号"沉船出水的南宋金项饰形制类似，殊为难得。（田帅）

050

龙纹金提携

宋
长3.3厘米，宽3厘米，厚1.2厘米
2024年征集

一对。金质。古代腰带上的挂扣。通体呈亚字形，器表饰一组对称的龙纹，形象生动。该器对于研究宋代社会文化、金银器制作工艺等方面具有重要价值。（田帅）

051

双凤牡丹纹金梳背

宋
长11厘米，宽8.3厘米，厚2厘米
2024年征集

　　金质。镂空，通体呈虹桥式，两端各修出一个梯形包角，分别包于虹桥两边，与原梳的梳背扣紧。包背上一组凤穿牡丹纹为其主题纹饰，间有云纹、花朵纹。整器运用锤揲、裁剪、錾刻等金银器制作技法，工艺高超，为研究宋元时期金银器制作及装饰提供了资料。（田帅）

052

银鎏金嵌白玉瓜果纹耳珰

明
长4.5厘米，宽2.1厘米
2022年征集

耳珰是古代女子耳饰。主体银鎏金质地，钩脚细长弯曲，正面呈圭形，上镶嵌白玉雕瓜果纹，背面呈卷边荷叶状，中间镶嵌一颗玛瑙珠。玉质细腻润泽，器形精巧，金属工艺和玉雕工艺相结合，反映了精湛的工艺水平。（田帅）

053

银鎏金束发冠

明
长10.5厘米，宽6.5厘米，高5厘米
2022年征集

银质。冠中部以四道凸棱分隔为五部分，自两边向中间逐渐隆起，阴线刻划桃花、寿桃纹。前额部呈祥云状，刻海上仙山、旭日祥云。底部前为素面，背面刻划灵芝纹。左右两侧各錾刻一孔，用于插入银簪。簪顶呈双层花瓣形。器表鎏金大部分脱落。（田帅）

054

银鎏金镶红宝石帽顶

清
长4.4厘米，宽4.2厘米，高9.3厘米
2023年征集

帽顶银质，外鎏金。分三层，底座为覆钵形五重瓣覆莲纹，中部为椭圆形，中间镶嵌一颗红宝石，顶端仰莲纹，上面镶嵌滴水形红宝料顶珠，应为二品官员顶戴。

清王朝制定了一套完整的帽顶制度，对帽顶的款式、用材、颜色、尺寸进行了严格规定，使帽顶成为区别清代官员品级尊卑的最重要饰品。（席晓云）

055

银累丝烧蓝风景图提梁盒

清
口径最长13.5厘米，最宽9.6厘米，
底径最长8.9厘米，最宽6厘米，高13厘米
2023年征集

银质。该器呈海棠花式样，盖与盒身以子母口扣合，有环形提梁。通体由累丝工艺编织圆涡状底纹及花卉、树木、房屋、凤鸟等纹，纹样填蓝、绿色珐琅釉底彩，银丝表面均鎏金，整体显得富丽堂皇。此器是银累丝与透明珐琅结合的复合工艺品，显示出工匠高超的制作水平。（田帅）

056

"三川釿"斜肩弧足空首布

战国
长8.8厘米，宽5厘米
2023年征集

空首呈方形，币边缘出廓，造型规整，制作较精。一面铸三条斜棱；一面铸两条斜棱，内有铭文"三川釿"。"三"字仅保存字头，为正体的简写形式。先秦时称黄河、洛水、伊水为三川，战国时韩国最早设立三川郡（《战国策·韩策三》），后秦庄襄王元年（公元前249年）复设三川郡（《史记·秦本纪》）。铭文字体以及布币形态当属三晋、东周，而空首布币多在春秋时期。因此也有学者认为"三川釿"布是春秋晚期周人货币。（田帅）

057

"武"斜肩弧足空首布

战国
长8.8厘米，宽5厘米
2023年征集

这件布币空首较长，斜肩、弧裆、尖足。保存较好，廓缘清晰。币正面有两条斜棱，中间铸有"武"字。据现有资料，斜肩空首布多为春秋晚期晋国韩氏所铸，而此币铭文地名当属赵氏，有待进一步研究。（田帅）

058

"平州" 尖足布

战国
长6厘米，宽3.2厘米
2023年征集

　　这件布币耸肩较窄，边缘出廓。面文"平州"。"平州"地名不见于先秦典籍，只见于《路史·国名纪》："在汾州介休县西。""州"与"周"古音相通，"平州"即应是"平周"。"平周"在《史记·魏世家》中出现，在今山西孝义西南。此地介于赵、魏之间，由于尖足布基本上是赵国铸币，因此"平州"币可能是该地属赵时所铸。（田帅）

059

"纕平" 方足布

战国
长4.5厘米，宽2.8厘米
2023年征集

　　平首呈宽倒梯形，铸造精美，币面出廓，平肩微耸。"纕平"为燕国地名，因此该币应为燕国铸造。（田帅）

060

"梁正尚百当寽"布币

战国
长6厘米，宽4厘米
2023年征集

　　东周时期魏国钱币。呈铲形，平首，
颈部近直，溜肩，足近平，正面有阳刻铭文
"梁正尚百当寽"。（田帅）

061

"齐法化"刀币

战国
长14厘米，宽2厘米
2023年征集

　　弧首，弧背微折。出廓。宽柄，柄端
有环首。一面铸"齐法化"。齐法化为战国
时期齐地的铸币，因刀身硕大，故称"大
刀"。根据钱文字数，又简称为三字刀、四
字刀、五字刀、六字刀。（田帅）

062

"张仲宝记"银铤

元
长7.3厘米，宽5厘米，厚1.5厘米
2022年征集

　　银质。随形，两端圆弧，中部束腰。正面周边棱角上翘，中部内凹。背面略内收，两端较平直，密布蜂窝状气孔。正面加盖"张仲宝记"字样戳记。（田帅）

063

折粮银锭

明
长4.3—5.8厘米，宽3—3.3厘米
2022年征集

　　一组四件。此组银锭似船形，两侧有翘翅，边缘圆钝略内卷，分别錾刻有"粮""粮银""江安县粮银""十一年"铭文，"粮"字表其用途为田赋折银。田赋折银多为南方地区所有，因税粮北上路途远、运输不便，故折为税银，是一组反映明代田赋制度的实物。（田帅）

064

"福寿双全"吉语金钱

明
直径3.9厘米，孔径0.5厘米，厚0.2厘米
2024年征集

　　古代吉语钱。圆形，方孔。钱币正面有铭文"福寿双全"，背面有梅花、弯月、浮云构成一幅"月影梅"画面。该钱币保存完整，制作精良，有极强立体感，精美雅致，富贵大气。（田帅）

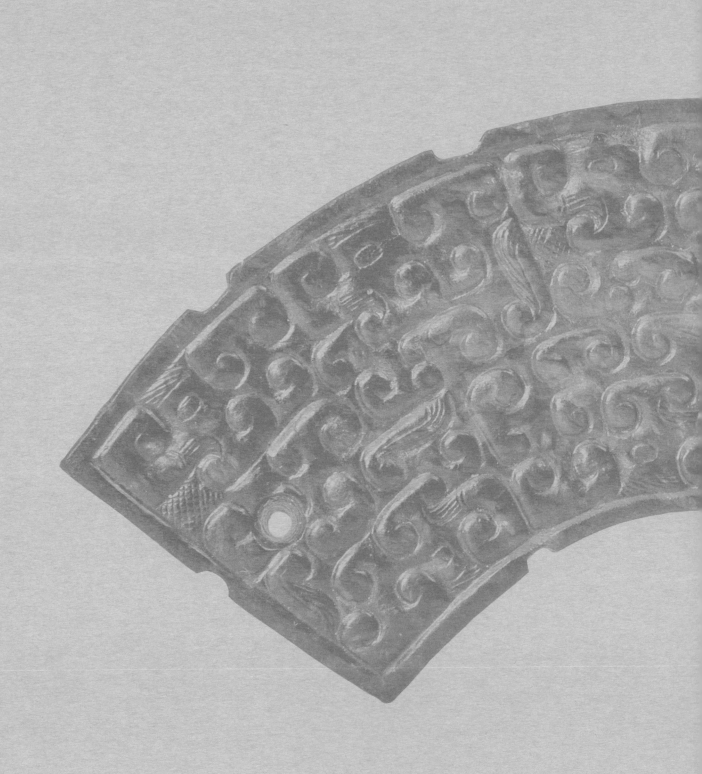

第三章

玉石器

Jade Ware

001

石锤、石斧、石球

新石器时代
上：石锤，高9.5厘米
左：石斧，刃端宽6.9厘米，长6.6厘米
右：石球，直径6.1厘米，高4.8厘米
2022年江苏省文物局拨交

江苏泗洪顺山集新石器时代遗址出土，该遗址入选2012年度中国十大考古新发现，经测年显示距今约8100—8300年，是目前整个淮河下游流域发现的时代最早、规模最大的环壕聚落。（席晓云）

002

蟠虺纹玉璜

春秋
长10.2厘米，肉宽3.2厘米，厚0.4厘米
2022年征集

　　璜是我国古代传统的玉礼器，《周礼》中记载"以玄璜礼北方"，同时也是玉组佩中的重要佩件。此件玉璜玉质已被沁成红褐色，有光泽。扁平体，扇形，两面均雕琢蟠虺纹，纹饰饱满自然，排列规整有序。璜体周身有扉棱，左右两端各钻一穿孔，以便佩系。（席晓云）

003

兽面纹青玉璧

汉
直径20厘米，好径5厘米，厚0.5厘米
2023年征集

璧是中国古代玉文化中最为核心的一种玉器。青玉质，肉的中部以一周双弦纹分为内外两区，内区为蒲纹，外区刻有四组兽面纹。正反两面纹饰相同。工艺精湛，纹饰精巧，呈现古雅端庄之美。（席晓云）

谷纹玉管

汉
长15.1厘米，管径0.9厘米
2022年征集

　　白玉，带皮色，质地细润，半透明，有光泽。外方内圆，两端对钻孔，通体碾琢细密整齐的谷纹。此类玉管在汉代墓葬中曾有发现，但其具体用途仍有待研究，有可能是组玉佩中的一件。（席晓云）

005

白玉兽面谷纹剑璏

汉
长11.5厘米，宽2.3厘米，厚1.5厘米
2023年征集

　　白玉质，质感温润，呈长方条状，两端出檐，皆作弧收，一檐较长。背部琢出一长方形銎。器表剔地雕出边框，表面隐起谷纹，一端饰兽面纹，器形规整，琢磨抛光细腻，纹饰线条简洁自然、精准规矩。剑璏为一种玉剑饰，固定在剑鞘上，供穿系革带以连结腰间的器物。（席晓云）

006

白玉组佩

唐
上珩、中珩：长3.2厘米，宽1.8厘米，厚0.15厘米
下珩：长7.1厘米，宽2.5厘米，厚0.2厘米
左、右玉饰：长2.9厘米，宽1.5厘米，厚0.15厘米
2023年征集

组佩由上珩一件、中珩一件、下珩一件、两侧三角形玉饰组成。白玉质，光素无纹。该套玉组佩是唐代典型的玉组佩造型。

（席晓云）

007

白玉凤凰花卉纹发簪头

唐
长8.5厘米，宽4.1厘米，厚0.1厘米

008

白玉孔雀花卉纹发簪头

唐
长7.5厘米，宽4厘米，厚0.1厘米
2023年征集

　　白玉，玉质莹润，簪头呈薄片状，打
磨精细，薄如蝉翼。正面以阴线分别雕刻
一只凤凰和孔雀，边饰花卉。此为唐代常
见之装饰风格，在西安出土的唐代玉器梳
背、发簪等花鸟纹饰上均可找到同样特征。

（席晓云）

符离县石界碑

唐
宽38.5厘米，厚31厘米，高90.5厘米
2024年征集

该石界碑发现于安徽宿州境内，呈立方柱体，底部残缺，四面刻有铭文，正、背面内容一致，两侧内容不同。

碑文：

符离县，西去陈留□，东去广陵□

西去西京一千七百□□，西去东京九百六十□□

西北去砀山县一百九十□□，西北去单父县三百一□□

西京、东京并称，唯见于唐代，即西京长安、东京洛阳，与碑文所记距离里程亦合。碑文书法端庄圆厚，颇具唐风，碑石刊刻精工。从所刻文字风格、内容等方面看，此界碑为唐代界碑安徽段之珍贵遗存，曾立于隋唐大运河沿线，与宿州埇桥出土的蕲县石界碑属于同一时期同一类型的运河文物，是与大运河直接相关的重要石刻文物。（席晓云）

010

白玉龙纹高足杯

元
口径4.5厘米，底径2.5厘米，高6.5厘米
2023年征集

白玉质，略有杂质，敛口圆唇，深腹弧收，高足外撇，器表浅浮雕龙纹，纹饰精美。整器造型规整，小巧精致，工艺巧妙独特，具有较高的历史、艺术和科学价值。高足杯是元代器物中非常流行的器型。（席晓云）

011

白玉米芾拜石图摆件

元
宽2.5厘米，厚1.5厘米，高6厘米
2023年征集

　　白玉质带皮，立体镂雕米芾拜石图，怪石叠就，松枝挺拔繁茂，石下一人对石作揖。此摆件小巧精致，趣味十足，充满闲情雅致。（席晓云）

012

青白玉秋山图摆件

元
宽3.5厘米，厚3厘米，高6.5厘米
2023年征集

　　青白玉质，立体镂雕秋山主题，三只鹿漫步于山石、流水、茂林之间，鹿腿矫健，体丰腴，回首张望，场景怡然恬静，洋溢和谐之美。（席晓云）

白玉俏色镂雕大吉富贵纹饰件

元
长7.6厘米，宽6.8厘米，厚2厘米
2023年征集

　　白玉质带皮，随形施艺，多层镂雕山林景色，山中怪石叠就，枝叶挺拔繁茂。六只公母小鸡嬉戏于草树间，姿态各异，栩栩如生，寓意大吉大利。此饰件雕琢形神兼备，趣味盎然。（席晓云）

014

白玉透雕春水图佩饰

元
直径4.4厘米，厚0.5厘米
2022年征集

　　白玉，边缘有皮色，画面主体多层透雕海东青追天鹅场景，辅以荷叶、水草、水波纹等景观，构图写实生动，颇具动感，把反映草原游牧民族狩猎活动的"春捺钵"场景刻画得淋漓尽致。两只天鹅头大圆眼，张口嘶鸣，细颈曲伸，身躯肥硕，展开双翅逃离；海东青呈展翅俯冲状，小头圆眼，尖喙内勾。刻划细腻，生动逼真，是元代春水玉的代表作品。（席晓云）

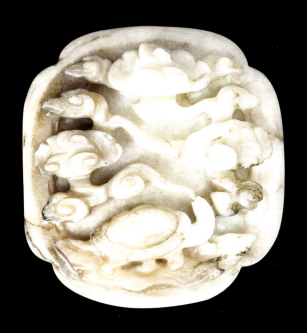

015

白玉龟吐祥云纹带饰

元
长6.1厘米，宽5.8厘米，厚1.3厘米
2022年征集

　　白玉，海棠形，正面浮雕龟吐祥云纹，下方一只向右爬行的龟，脚踏祥云，回首口吐灵芝状祥云，背上雕琢六角形龟壳纹，其上方缭绕云纹，云气袅袅，弥漫祥和之气。玉质精良，工料俱佳。（席晓云）

016

灰玉透雕春水图佩饰

元
长5.8厘米，宽5.6厘米，厚1厘米
2022年征集

　　灰玉，海棠形，多层镂雕海东青追天鹅场景，海东青盘旋俯冲而下，天鹅低头冲入荷塘水草中躲藏。此类场景与"春捺钵"狩猎活动情景相吻合，雕琢细致，刻画逼真，极具北方草原游牧民族特征。（席晓云）

017

灰白玉双螭衔灵芝纹带饰

元
长7.6厘米，宽7厘米，厚2厘米
2022年征集

　　灰白玉，海棠形，正面镂雕两螭纹盘旋于灵芝花草间，头尾相接盘转，身躯扭动呈"S"形。背面线刻云纹。造型独特，纹饰精美。（席晓云）

018

灰白玉巧雕荷塘鸳鸯纹带板

元
长7.7厘米，宽6厘米，厚1.7厘米
2022年征集

灰白玉，长方形，边框倭角，正面隆起，以立体多层次浮雕荷塘鸳鸯纹。荷花枝叶茂盛，水草丛聚，枝叶相互交叉穿梭，两只鸳鸯双翅紧合，分立于池塘中。玉质莹润，光泽沉蕴，器表留有部分黄褐色玉皮和黑色芝麻点，具有元代玉器典型风格。（席晓云）

019

墨玉竹寿纹带板

元
长6.3厘米，宽5.5厘米，厚1.5厘米
2022年征集

扁平状，边框倭角，开光浅浮雕竹叶纹呈寿字形，寓意祝寿。用料厚实，色泽匀称，晶莹温润，抛光细腻，在强光照射下边缘较薄处可见碧绿色玉，如古书记载"墨玉实为深色碧玉"。（席晓云）

020

白玉巧雕龙首螭纹带钩

元
长13.3厘米，宽3.3厘米，厚3厘米
2022年征集

带钩是古人所系腰带的挂钩。这件带钩龙首钩，粗眉上卷，宽鼻凸起，嘴部平齐露齿，头顶饰双角，髭发飘于脑后。钩身琵琶形，上浮雕一爬行的小螭龙，额头宽高，毛发后飘，四肢矫健，长尾分叉翻卷。螭头与龙首相对，寓意"苍龙教子"。该带钩造型古朴大气，采用浮雕、镂雕、阴刻等技法，刀法圆浑粗犷，利用玉色和皮色进行巧雕，具有明显的元代带钩特征。（席晓云）

021

白玉鹿

明
长5厘米，宽1.5厘米，高3.5厘米
2022年征集

白玉质，带有原玉皮。立体圆雕一只伏卧的小鹿，昂首仰视，灵芝状角，身躯肥硕，尾部短，四足收于腹下。以阴线刻划嘴、鼻、眼、耳，玉质温润，造型生动可爱。鹿，古代视为仁瑞之兽，鹿、禄谐音，寓意富贵。（席晓云）

022

白玉鸳鸯衔荷草纹帽顶

明
长3.8厘米，宽2.5厘米，高4.6厘米
2023年征集

　　帽顶白玉质，温润细腻。采用圆雕、镂雕、阴刻等技法，雕刻一只鸳鸯口衔荷枝休憩于一片荷叶之上。整体镶嵌在铜鎏金圆珠形覆盘状底座上，底座上有缝缀用的小孔。帽顶，又称冠顶、顶戴，是古人安置在冠帽上部中央的一种装饰，最早流行于元代。（席晓云）

023

青白玉山水人物摆件

明
宽5厘米，厚3厘米，高9厘米
2023年征集

　　青白玉质，略有俏色，立体镂雕山水
人物图，山石嶙峋，树木葱郁，两人立于树
下，一只飞雁翱翔于茂林之上，小鹿漫步山
水间，工艺精湛，纹饰主题寓意美好。附红
木底座。（席晓云）

024

白玉桃形把杯

明
长11.8厘米，宽7.3厘米，高4.7厘米
2023年征集

　　白玉质，略带灰黑色斑纹，色泽温润。
运用圆雕、镂雕工艺，以桃果为杯身，枝叶
为把手，花朵为底足，构思巧妙，浑然天
成。明清各式花形玉杯常见，丰富多变，给
人清新自然的新鲜感受。（席晓云）

玉石器

025

白玉扭绳纹结交八方佩

明
长8.5厘米，宽4.7厘米，厚1厘米
2023年征集

　　白玉质，略有俏色，呈交结状长方形，镂空雕琢，一体塑形，工艺精巧。整器造型为两个"∞"字形穿结缠绕在一起，无始无终，随形变化。整体雕刻简洁，造型独特，寓意高雅。（席晓云）

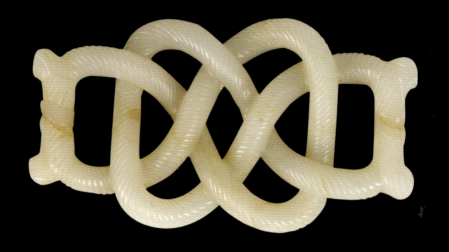

026

灰白玉双螭龙纹盏托

明
口径14.3厘米，底径12.4厘米，高0.9厘米
2023年征集

　　灰白玉，杂质较多。呈八边形，宽平折沿，沿上刻划回纹，内底心为八边形，外围首尾相连两只螭龙，方头曲身，古拙大方。外底亦为八边形，中心内凹。（席晓云）

青白玉花鸟纹带饰

明
长6.8厘米，宽2.6厘米，厚0.5厘米
2024年征集

青白玉质，玉质细腻，工艺精湛。整体长方形，边框规整，内里以双层镂空技法琢制，正面中部一只孔雀回首展翅立于山石上，四周花枝围绕，生机盎然。此带饰与明代玉带的中心方、排方尺寸相符，应为其中的一枚。（席晓云）

白玉鳜鱼挂件

清
长8.7厘米，宽1.8厘米，高4.8厘米
2022年征集

白玉质，略有俏色。立体圆雕一条鳜鱼，鱼体肥硕，圆眼大嘴，口衔莲枝，背鳍竖立，尾鳍上翘。一面浅雕莲叶和一小鱼，另一面鱼身浅雕荷花纹，取其"连年有余"的吉祥含义。玉质洁白温润，琢工精细，寓意美好，是一件不可多得的玉器精品。（席晓云）

029

白玉双鹅衔穗摆件

清
长9.3厘米，宽2.3厘米，高4.5厘米，带座通高5.5厘米
2022年征集

　　白玉质，温润细腻，以圆雕和镂雕技法雕琢双鹅，下附波浪状红木底座。双鹅圆眼曲颈，口衔麦穗，鹅身羽毛、谷穗纹理均以阴刻线细琢而成。双鹅相对，神态安详，含情脉脉，寓意岁岁平安，吉祥美好。自晋代王羲之起，文人雅士多有爱鹅之趣，鹅便成为玉雕中常见的动物类题材。玉鹅体量不大，文雅秀丽，多为文人士大夫喜爱的文房陈设。（席晓云）

030

白玉渔家乐船形摆件

清
长11.2厘米，宽3厘米，高5厘米，带座通高7.8厘米
2022年征集

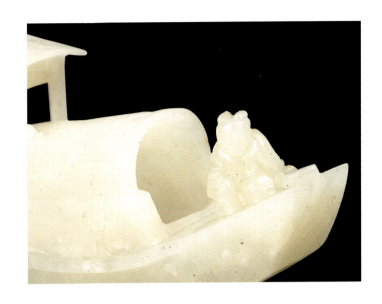

　　白玉质。船尾一人掌橹，船头一人蹲踞于甲板，船有篷，篷上趴有一犬。中部船舱上阴线刻纹饰。定制底座与船完美契合，以紫檀木雕波浪起伏，表现船泛于江水之中。此摆件为和田白玉，质地精良，纹饰精致，雕工精美，有造办处的风格，是清中期乾隆朝的一件珍品。题材寓意吉祥，是渔家生活在雕刻艺术上的生动呈现。（席晓云）

031

青白玉渔家乐船形摆件

清
长12.3厘米，宽4厘米，高5.2厘米
2022年征集

　　青白玉。船尾一童子守炉烧水，船头一老者拈须端茶，怡然自得。中间透雕席蓬。船的一侧挂着两只巧雕鱼篓，底部浅浮雕波浪纹。此摆件为和田玉，质地精良，纹饰精致。（席晓云）

032

错银百寿字紫檀嵌白玉三镶如意

清
长50厘米，宽13.5厘米，高7.5厘米
2022年征集

　　如意代表吉祥，广泛运用清代宫廷的装饰陈设中，表示不同的等级地位，同时也常作为馈赠、赏赐的礼物。如意中又以"三镶如意"最为独特。此件三镶式如意，精选缜密坚实上等紫檀木料雕制，上刻百寿字纹，首、身、尾各镶一大小不等椭圆形白玉，玉质洁白细润，分别浮雕兰草喜磬、花瓶蝙蝠和鲶鱼纹，寓意福寿吉庆、年年有余。此件如意装饰颇为考究，具有富丽精湛的艺术风格，代表了清乾隆时期高超的琢玉工艺水平。（席晓云）

033

白玉四神纹四足方形盖罐

清
边长6.2厘米，高9.5厘米，带座通高13厘米
2022年征集

　　白玉质，总体呈罐式，上有盝状盖，盖钮为圆捉手，盖四面浮雕青龙、白虎、朱雀、玄武纹。器身表面浅浮雕夔龙纹，下承四兽足，附紫檀嵌银丝底座。盖罐为优质和田白玉，质地温润细致，整件器物小巧玲珑，典雅精致，可能为清中期苏作玉器的精品。明清时期苏作玉器凭借其高超的艺术造诣获得朝廷青睐，是"良工虽集京师，工巧则推苏郡"的真实写照。（席晓云）

034

青白玉双鱼纹花蝶錾活环洗

清
长22厘米，宽16厘米，高8.5厘米
2022年征集

此洗以整块青白玉为材，掏膛雕琢而
成，体量硕大，用材奢华。洗心凸雕双鲶鱼
纹，间以卷草，取意年年有余。外壁通体浮
雕花蝶纹，取意富贵长寿。两錾透雕花蝶
纹，其下各琢一对活环。底部雕如意纹三
足。全器构思奇巧且寓意吉祥，雕刻娴熟，
线条犀利，纹饰灵动，层次丰富，极富艺术
感染力，具有典型"乾隆工"特点，宫廷气
息浓郁。（席晓云）

035

青玉兽面纹双耳炉

清
长15.6厘米，宽8.4厘米，
高18.3厘米，带座通高22厘米
2024年征集

青玉取材优良，器形仿古青铜鼎，带盖，盝顶状，子母口，方钮。炉身、盖面浅浮雕兽面纹，正反面中央及边缘出戟，两侧附双兽耳衔环，四兽足，稳重敦实，带紫檀雕花底座。造型端庄规整，图案纹饰充满古韵。（席晓云）

036

灰白玉巧雕鼻烟壶

清
宽5厘米，厚2.5厘米，高7厘米
2022年征集

　　明末清初西洋鼻烟自欧洲传入中国后，鼻烟壶制作在各个工艺领域呈现出缤彩纷呈的独特成果，其造型各异，材质多样，被誉为"集各国多种工艺之大成的袖珍艺术品"。此件鼻烟壶两面均俏色浮雕纹饰，正面是"麻姑献寿"，背面为"马上封侯"。盖为铜鎏金，顶嵌红珊瑚，无匙。此器构思独特，俏色得宜，琢制精巧，寓意吉祥，既是一件实用器，又是精致的艺术品，是同类器物中的佳作。（席晓云）

037

翡翠螳螂摆件

清
长11厘米，宽1.5厘米，高1.9厘米
2023年征集

以翡翠圆雕、镂雕而成。色泽通透，温和润泽。螳螂头部伸向左前方，圆眼凸出。肢爪强健，腹部饱满，以阴线雕琢腹翅纹理，造型逼真，形态生动，雕琢技法纯熟，细腻精致。

螳螂体态虽小，捕食却非常勇猛，故蕴含勇敢之意，因谐音"堂"，又有"金玉满堂堆长廊"之意，深受人们喜爱。（席晓云）

038

碧玉凤凰栖枝纹花插

清
长15.4厘米，宽7.5厘米，高16.3厘米
2023年征集

　　花插以碧玉雕成，光泽温润，局部有瑕斑。器身雕琢三株高低不同的枝干为主体，中空，外部浮雕、镂雕松、竹、梅、灵芝，枝叶有致，花朵娇俏。底部枝叶交绕成足，颇具巧思。一只凤凰于松枝上驻足回首，羽毛绚丽修长，姿态轻灵曼妙，充满恬静之美。是清代宫廷的重要陈设器。（席晓云）

039

碧玉兽面纹出戟觚

清
口径16.5厘米，底径8.4厘米，高29厘米
2024年征集

　　一对。玉质细腻，雕工精美，仿青铜出戟觚，古意深沉，附镂空缠枝花铜底座。器身分三段，口外撇，束颈，鼓腹，足外撇，外壁六出戟。上部以蕉叶纹作主饰，蕉叶下雕回纹作辅纹；鼓腹四面皆饰仿古兽面纹，风格犷狞且富神秘色彩；下部饰蕉叶纹与回纹，与上部相呼应。玉制觚始见于明代，常与香炉等物置于案头使用，觚内可插如意、小戟等器物，以作博古陈设之用。

（席晓云）

040

祁阳石雕海屋添筹图红木插屏

清
插屏横27厘米，纵23厘米，厚1厘米，
带座通高37.8厘米
2022年征集

祁阳石产于湖南祁阳，石质温润细腻，易于雕刻。祁阳石雕工艺在明清时发展到极致，尤以插屏、碑刻盛极一时，清代曾一度成为皇家贡品。此件插屏由上等祁阳石制成，肌理莹透，色泽深沉。匠师审时度势，师法造化，采用俏色高浮雕技法，以紫色为地，饰海屋添筹画面，巧色利用，置于红木底座上，雅意十足。海屋添筹典故出自苏轼《东坡志林》"海水变桑田时，吾辄下一筹，迩来吾筹已满十间屋"，用于贺寿。（席晓云）

041

汪士慎款梅花图长方淌池端砚

清
长10.4厘米，宽6厘米，厚2.1厘米
2024年征集

此方端砚为简单浑厚的长方形，配盖和座。砚额题刻"端溪紫岩石，试墨不损笔，温腻不滞笔，性细润泽"，刻印"近人"。砚背面挖出方形开光，内刻梅枝图，构图饱满，右下角题刻"乱离身世清闲境，正好操修到此花，巢林画于滇南宜园轩"，印文"近人"。端砚的石料，采自广东肇庆的端溪一带，其问世于初唐，居我国诸名砚之首。汪士慎（1686—1759），字近人，号巢林，原籍安徽歙县，久居扬州，擅诗文书画，为"扬州八怪"之一。此砚小巧文雅，砚铭内容既赞扬了石质优良，也记述了镌刻者的心情和镌刻背景。（张晓婉）

042

石镇水兽

清
长65厘米，宽31厘米，高32厘米
2023年征集

石质。长方弧形，上部趴伏一神兽，大口吐舌，双目圆睁，双臂置于两侧。为镇水之用。镇水神兽名为蚣蝮，据传它为龙生九子之一，能够吞江吐雨。古人认为，暴雨时节，洪水泛滥时，蚣蝮便将水吸入自己腹中，并及时排出，以消除水患。"六曰蚣蝮，性好水，故立于桥柱"，蚣蝮常被置于桥头或桥身，寓意免受水害，长存永安。（席晓云）

第四章

玻璃器

Glassware

002

黄绿色玻璃碗

六朝
口径12.5厘米，底径5.3厘米，高6厘米
2023年征集

　　敞口，颈部一周凹弦纹，弧腹内收，平底内凹。通体黄绿色。六朝时期的玻璃碗并不多见，质料稀有，是反映中外文化交流的重要实物。（席晓云）

003

浅蓝色花口玻璃小瓶

宋
口径2.5厘米，底径5厘米，高8厘米
2023年征集

　　四瓣花口，束颈，弧腹，腹部四面内凹，平底。通体为浅蓝色，口颈处略深，器身残留土沁。（席晓云）

004

蓝色玻璃长颈瓶

宋
口径2.5厘米，底径4.5厘米，高16厘米
2023年征集

　　小侈口，长颈，弧腹下收，平底。
体薄透明，通体蓝色，器身散布气泡。
造型秀丽，色泽雅致。（席晓云）

005

透明绿玻璃执壶

宋
口径5厘米，底径6.5厘米，高12.4厘米
2023年征集

　　侈口，厚圆唇，长颈，颈中部
一道凸棱，弧腹，平底内凹，一侧置
曲柄，连接口沿与上腹部。通体为透
明绿色，厚胎处颜色较深，散布气泡
和吹制痕迹。（席晓云）

006

透明蓝玻璃细颈瓶

宋
口径2.7厘米，底径5厘米，高12厘米
2023年征集

　　侈口，直颈，垂腹，平底。通
体为透明蓝色，口沿外加饰一周红色
料，器身散布大小气泡。（席晓云）

007

"乾隆年制" 款透明蓝色玻璃
长颈瓶

清
口径3.4厘米，底径5.5厘米，高19.3厘米
2023年征集

　　瓶直颈，斜肩，敛腹，矮圈足。底部中央阴刻双方框，内刻"乾隆年制"双竖行楷书款。此瓶由蓝色玻璃吹制而成，内部可见分布有不规则气泡。

　　单色玻璃是乾隆朝玻璃器中制作数量最多的品种，此件透明蓝色玻璃长颈瓶，器形端正秀美，质地细腻洁净，颜色娇艳纯正，色泽亮丽，是乾隆朝时期的典型器物。

（席晓云）

008

"乾隆年制"款黄色玻璃八棱瓶

清
口径2.5厘米，底径4.9厘米，高14.2厘米
2023年征集

    平口，长颈微撇，八棱鼓腹，高足，以不透明黄色玻璃吹模合制而成。档案中称为"呆玻璃"，俗称"鸡油黄"，通体光素无纹，颜色纯正，器形周正，带有显著的宫廷造办处特征。底足双方框内阴刻"乾隆年制"双竖行楷书款。

    玻璃八棱瓶创烧于清雍正时期，造型灵感来源于唐代越窑秘色瓷，在其基础上加以改进，比例更加沉稳，棱线更为鲜明，整体造型挺拔端庄，属官造玻璃器之经典器型之一。之后历朝多有烧制，延续至清末，其中乾隆时期制作数量最大，质量也最高。（席晓云）

009

"乾隆年制"款金星玻璃福寿纹山子

清
长13.8厘米，宽8.3厘米，高8.8厘米，
带座通高11厘米
2024年征集

　　山子通体以金星玻璃雕刻而成，作嶙峋山石状，山间飞瀑直下，山脚波涛拍岸。山间植有桃树，桃实圆硕，最大一颗为水丞，山脚长有灵芝，较矮的山顶趴伏一只蝙蝠，寓意福寿绵绵。背部山壁上阴刻"乾隆年制"竖行篆书款，字体工整规范。附精雕细刻的嵌银丝紫檀染色象牙松竹兰石纹底座。

　　此件山子体量较大，设计巧妙独特，既可实用又可陈设，融镂刻、圆雕、浮雕多种手法，雕刻技艺精湛，装饰题材寓意吉祥，是清宫造办处玻璃厂与玉作完美配合完成之佳器，是极为罕见的带有明确款识的金星玻璃，存世稀少，弥足珍贵。原配染牙座亦珍贵难得。（席晓云）

010

"乾隆年制"款白色套红色玻璃夔龙纹方觚

清
口沿长9.2、宽8.8厘米，底边长7.4、宽7.2厘米，
高19厘米，带座通高22.4厘米
2024年征集

  方觚敞口，束颈，腹部呈长方形，向下渐收撇足。方觚白色玻璃为胎，上套红色玻璃，经雕琢后呈现纹饰。口沿处为倒蝠纹，下接缠枝花卉。颈腹连接处饰以蕉叶纹。腹部四面开光，内各有一夔龙形象。收腹处饰有倒蕉叶纹，与颈部纹饰相互呼应。底刻"乾隆年制"四字楷书款。附精雕细刻的紫檀嵌染色象牙底座。

  觚，原为商周时期用于盛酒的青铜礼器，发展至清代，其原本作用渐渐消失，而成为宫廷陈设器、花器的一种。以玻璃制作花觚，在清宫旧藏中应最晚于雍正年间开始。此件白套红玻璃夔龙纹方觚，署有款识，纹饰是宫廷中常见的装饰题材，为乾隆时期清宫造办处烧造的作品无疑，既有浓郁的传统色彩，又有新兴的工艺特点，弥足珍贵。（席晓云）

011

白色套蓝绿色玻璃蟠螭纹胆瓶

清
口径2.5厘米，底径3.3厘米，高9.9厘米
2023年征集

　　平口，束颈弧腹，圈足。器形周正，工艺复杂而精湛，白色透明玻璃套蓝绿色玻璃，雕琢出三条蟠龙环绕瓶身，龙身弯曲，卷尾分叉，简朴生动。蟠龙纹饰作为一种清代常见的龙形纹饰，广泛用于官造器物之上，可见此瓶品级之高，实为一件套玻璃瓶之精品。（席晓云）

012

白地套多色玻璃葫芦瓶

清
口径2.2厘米，底径3厘米，高14.1厘米
2024年征集

　　瓶为吹制而成。呈葫芦式，小口，束腰，平底。通体以涅白色玻璃为地，外套绿色、红色、棕色、黄色玻璃，饰藤蔓、葫芦、蝙蝠纹，寓意福禄双全，多子多孙。表面有少量凹坑和黑色小斑点。（席晓云）

013

胭脂红兽耳玻璃小瓶

清
口径4.2厘米，底径2.5厘米，高9.2厘米
2024年征集

　　小瓶为有模吹制而成。撇口，束颈，溜肩，鼓腹，平底。颈肩相接处加饰兽面双耳。此瓶外表为不规则斑纹状胭脂红色，双耳为淡紫红色。小瓶造型流畅，工艺精美，颜色少见，可能是清宫档案中称为"花玻璃"的品种。（席晓云）

014

透明蓝紫色玻璃螭耳杯

清
口径7厘米，底径3.3厘米，高4.6厘米
2023年征集

　　杯敞口，弧腹，圈足，有一螭耳粘接于一侧，尺寸小巧，盈手可握，造型秀美。以蓝紫色玻璃吹模制成，仿水晶工艺。清宫造办处单色玻璃多见瓶、盘、碗等造型，玻璃杯较为少见。（席晓云）

015

白色套蓝色玻璃云蝠纹水丞

民国
口径3.6厘米，底径3.3厘米，高3.8厘米

016

白色套蓝色玻璃蝶纹水丞

民国
口径4.1厘米，底径3.8厘米，高3.7厘米
2024年征集

水丞为吹制而成。白色半透明玻璃地，呈雪花状，外套蓝色玻璃纹饰，蓝料在半乳浊质感下呈现出深浅不一的视觉效果。敛口圆唇，鼓腹，矮圈足。唇口与圈足均套一周蓝色弦纹，使之上下对称呼应。外壁饰云蝠纹或蝶纹，姿态各异，层次分明，寓意吉祥，造型流畅，规矩典雅。
（席晓云）

017

玻璃彩绘红楼梦人物故事图挂屏

清
横60厘米，纵42厘米
2023年征集

　　玻璃画是运用绘画颜料在平板玻璃的反面绘制图画，利用玻璃的透明性在着彩的另一面欣赏的绘画作品。自欧洲传入中国，首先在广州发展起来，清宫廷画家也在广州玻璃画师的指导下掌握了玻璃画绘制技艺，形成两种截然不同的风格，宫廷玻璃画逐渐融入宫廷绘画风格，而广州玻璃画以外销为主，更注重迎合西方市场需求。此图为典型的广州玻璃画风格，整体布局在江南园林庭院之中，为红楼梦中的人物故事形象，以生动的图像形式向西方社会展示了中国官宦、富商家庭的生活图景。（张弛）

第五章

织绣

Textile and Embroidery

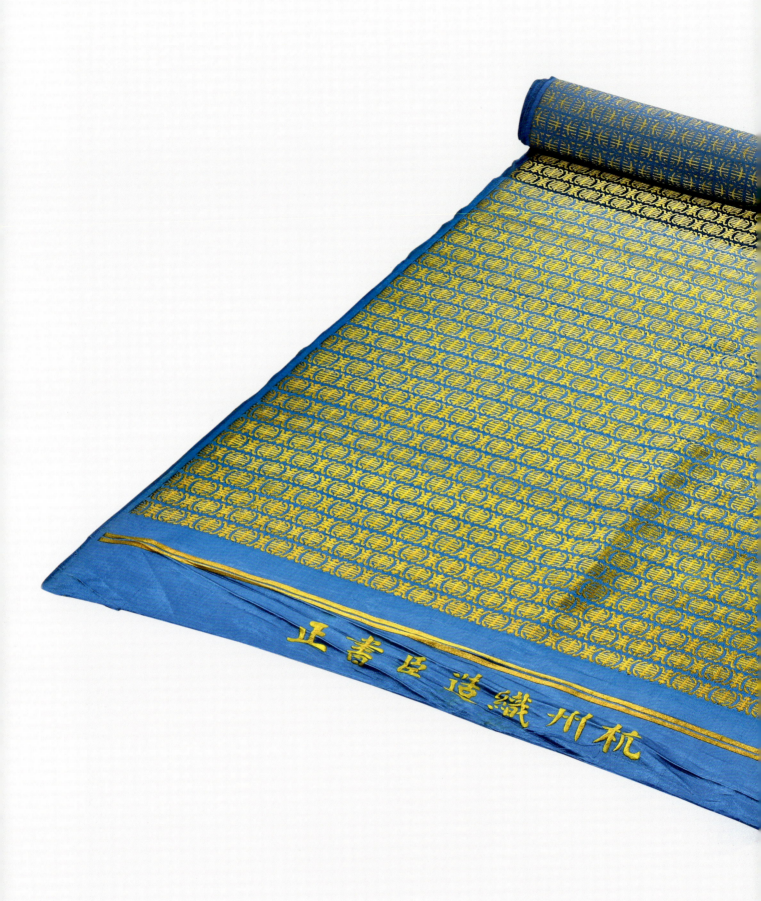

"杭州织造臣书正"款宝蓝色
寿字纹织金缎

清
长845厘米，宽77厘米
2024年征集

宝蓝色织金缎头尾两端毛边，长圆寿字纹横向紧密相间排列，纵向留有空路，缎尾以明黄色线绣"杭州织造臣书正"七字楷书款。

书正系满洲镶黄旗人，光绪二十年（1894）八月二十四日，以内务府奉宸员外郎简放杭州织造，至光绪二十四年（1898）正月十六日差满离任。其先后担任过笔帖式、苑丞、员外郎、郎中和奉宸苑卿等官职。

此缎料应为书正任职杭州织造期间所制，整匹保存，款识清晰，色泽亮丽，织工精湛，是研究杭州织造局、织造工艺及织造官等问题的珍贵实物资料。（刘华）

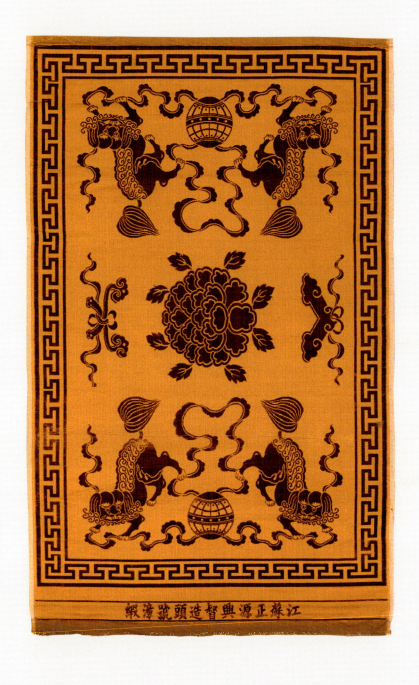

"江苏正源兴"款茶色狮子戏球纹漳缎

清
长100厘米，宽64厘米
2023年征集

　　料长方形，为茶色地起绒漳缎，正中为牡丹花纹，左右饰如意、编磬，上下饰双狮戏球纹，四周饰几何纹边，图案整体上下对称。面料下端织有"江苏正源兴督造头号漳缎"字样。漳缎源于福建漳州的漳绒，历史上专供朝廷，民间很少留存。同治十三年（1874）正源兴绸缎庄开设于江宁（今南京），光绪元年（1875）江宁、苏州、杭州三织造府停织，正源兴便成为内务府采购丝绸面料的主要经办商，并在南京、苏杭各地采买和放料加工。此件漳缎图案简洁生动，工艺精湛，保存完好，较为少见。（刘华）

004

机头款布头一组

民国
2024年征集

各色缎料织民国丝绸企业商标机头款布头，尺寸不一，分别为"李春源本机""和记万丰载加重头号库缎""梅花牌裕昌顺优等内局库缎""裕昌顺本厂最优等电光缎""浙杭乾昌明织绸公司碧云缎""浙杭顺兴厂顺章缎""龙飞丝织公司"。是研究民国时期丝绸产业情况的珍贵实物资料。（刘华）

005

蓝地彩绣金龙纹朝服

清
通袖198厘米，衣长132.5厘米
2023年征集

清代朝服是皇帝、皇亲和大臣在仪式典礼、议事议政等正式场合的衣装，在所有服饰中等级规格最高。此件朝服圆领，大襟右衽，马蹄袖，左右开裾，腰帷以下为襞积式，襟缀铜镀金錾花扣。藏蓝色缎面料，蓝色提花缎里衬，衣缘镶团龙杂宝织金缎边。前胸、后背及两肩各绣金色正龙一条，腰帷及下摆绣双龙赶珠，衽绣一金正龙，襞积绣十三团金行龙，袖端各饰一金正龙。辅以云蝠八宝、福山寿海纹。整体构图庄重，保存较好。（刘华）

006

蓝地彩绣金龙纹披肩

清
长71厘米，宽35厘米
2023年征集

披肩形似蝙蝠，蓝缎为地，彩绣五条金龙翻腾于海浪之上，中间一正龙吐珠，左右对称饰双龙戏珠。由内到外镶蓝地彩绣云蝠纹边和织金花卉纹宽边。配色鲜艳，绣制较精。（刘华）

007

蓝色缂金银墩兰团寿纹吉服袍

清
通袖161厘米，衣长130厘米
2024年征集

　　圆领，大襟右衽，宽马蹄袖，襟缀一字盘扣，整体以缂丝工艺制成，以蓝色缂丝为面料，接浅蓝色缎里衬。衣身主体以缂金银技法满饰墩兰纹和金团寿字纹，领及袖以五彩丝线饰云蝠杂宝，镶织金花卉纹边。此袍形制规整，纹饰布局得当，面料珍贵，工艺精湛，配色雅致，其上兰花旺盛，根系发达，寓意高贵、稳健、清雅的美好品性，为清宫后妃专用吉服袍，存世罕见，具有较高的收藏、展示、研究价值。（刘华）

008

藏蓝缎绣八团花卉纹女服

清
通袖180厘米，衣长142厘米
2023年征集

　　圆领，对襟，平袖，裾左右及后开，襟缀錾花扣，藏蓝色缎面料，蓝色内衬。褂面以五彩丝线绣八团花卉，团花外左右对称饰折枝花。袖口处饰三小团花卉及海水杂宝。下摆海水江崖中点缀杂宝、寿桃、牡丹花纹。形制完整，色彩鲜艳，为清代命妇所穿吉服褂。（刘华）

009

明黄色芝麻纱绣彩云金龙
十二章纹女龙袍

清
通袖183厘米，衣长132厘米
2024年征集

此件龙袍圆领、大襟、右衽、马蹄袖，裙左右开，襟缀铜鎏金錾花扣，面料采用明黄色芝麻纱，以五彩丝线满绣金龙、灵芝云、十二章、海水江崖、立水八宝、蝙蝠、寿字等纹饰。前胸、后背、两肩平金绣正龙各一，下襟行龙共四，里襟行龙一。前后均可见龙五条，寓意"九五之尊"，下摆的海水江崖寓意"一统江山""福山寿海"。左肩绣日，右肩绣月，前襟绣星辰，后领下绣山，前身上有黼、黻，下有宗彝、藻，后身上有龙、华虫，下有火、粉米。石青地绣云龙杂宝纹宽边、接袖，衣缘镶万字曲水纹织金缎边。

清代龙袍属于吉服范畴，比朝服、衮服等礼服略低一级，平时较多穿着。从清乾隆时期开始，服饰制度齐备，十二章纹为皇帝专用，饰章女服虽未见典制记载，但从乾隆朝至清末均有饰章女服实物。此件龙袍形制为女款，年代为光绪，可推测为慈禧所用的夏季吉服袍，具有重要的工艺和历史文化价值。（刘华）

010

明黄色团龙纹暗花缎马褂

清
通袖183厘米，衣长65.5厘米
2024年征集

　　圆领，对襟，平袖，襟缀铜镀金錾花扣，左右及后开裾，主体面料为明黄色团龙纹暗花缎，接蓝色内衬。黄马褂为清代官服，凡领侍卫内大臣，护军统领等，皆服黄马褂，卸职者不可服。皇帝出巡时，所有行扈从大臣皆例准着黄马褂，亦作为皇帝封赏，赐予有军功的臣下。此件黄马褂衣身满织正团龙，纹饰清晰，织工精良，应在清代马褂中级别非常高。（刘华）

011

石青色缂丝仙鹤纹补褂

清
通袖150厘米，衣长113厘米
2023年征集

　　补褂，也称为补服，是中国古代官员在正式场合穿着的服装。此件补褂立领，对襟，平袖，左右开裾，襟缀一字盘扣，整体以缂丝技法制成，蓝色绢内衬，前胸及后背饰文官一品仙鹤纹方补。用色及形制符合清代官服礼制，保存完好，对研究清代缂丝及服饰制度具有重要价值。（刘华）

012

纳纱盘金绣獬豸纹御史补

清
横29厘米，纵28.2厘米
2023年征集

方形背补。画面正中一只金毛獬豸立于海水江崖之上，回首望日怒目圆睁，周身伴有红色火焰，神态威武矫健。周围蝙蝠环绕，空中满铺万字曲水纹，边缘饰福寿纹一周。以纳纱绣为主，辅以盘金，其中獬豸与红日为贴绣。整体布局协调，色彩鲜艳，绣工细致。獬豸因具善辨曲直的象征属性被应用于古代执法者冠服之中，此件补子为清代御史官补。（刘华）

013

青色缎绣彩云金龙纹
缀鹭鸶纹补霞帔

清
衣长120厘米，宽73厘米
2023年征集

　　霞帔是中国古代妇女的帔服，
南北朝时已出现，隋唐盛行，因用鲜
艳的五彩锦绣质料制成，故称霞帔。
宋代以后定为妇女的正式礼服，随品
级高低有不同的装饰。

　　此件霞帔阔如背心，立领，云
肩，对襟，前胸及后背缀有盘金鹭鸶
纹六品官补，三角形下摆缀以五彩流
苏垂缘，腰间盘金绣升龙戏珠，腰背
处绣一正龙吐珠，衣身满绣彩云、寿
桃、灵芝、仙鹤、凤鸟等吉祥纹饰，
下摆处海水江崖间散落牡丹、杂宝
纹。（刘华）

014

红色缎绣彩云金龙纹女袍

清
通袖124.5厘米，衣长112厘米
2024年征集

圆领，右衽，宽直袖，襟缀黑色一字盘扣，左右开裾，红色缎面料接粉色暗花内衬。以盘金、打籽、平绣技法为主，前胸、后背绣正龙及双蝠捧寿纹，两肩各绣一正龙，前后襟各绣二行龙，下摆彩绣福山寿海，间饰灵芝云、蝙蝠、团寿、花卉、杂宝等吉祥纹样，袖口接蓝地彩绣花蝶纹挽袖，领及袖口镶黑地三蓝绣花蝶杂宝纹边。纹饰繁复，寓意吉祥，其形制应为晚清汉人命妇所穿蟒袍。（刘华）

015

青色缎衣线绣三元花蝶纹褂

清
通袖144厘米，衣长115厘米
2023年征集

立领，云肩，对襟，平袖，左右开裾处盘饰如意云头，襟缀錾花扣。青色缎面料，蓝色里衬。以衣线绣技法为主，绣年年有余、凤戏牡丹、狮子绣球、喜鹊登梅、福寿双吉、仙鹤灵芝搭配的三元结构皮球花纹，间饰蝴蝶纹。云肩铺金地开窗绣人物纹，袖端蓝地打籽绣开窗花卉纹，下摆为苏绣白地山水楼台人物纹宽边，上有携琴访友、渔夫捕鱼、帆船渔舟等江南水乡风光。纹样精美，配色雅致，技法独特，与运河文化关联紧密，是少见的清晚期民间服饰精品。（刘华）

016

白缎地绣花卉纹圆领女袍

清
通袖121厘米，衣长134厘米
2022年征集

　　圆领，右衽，平袖，襟缀黑色盘扣。主体面料为白缎地满绣水仙、牡丹、梅花等折枝花卉，主要部位打籽绣牡丹纹样。衣缘由内到外饰彩色花蝶纹边和黑缎地三蓝绣蝙蝠花卉纹宽边。构图疏密得当，纹饰清丽雅致，形制完整，层次丰富，在民间女性服饰中较为少见，具有独到之美。
（刘华）

017

青色缎粤绣花鸟纹褂

清
通袖132厘米，衣长108厘米
2023年征集

立领，对襟，平袖，左右开裾，襟缀錾花扣，青色缎面料。采用粤绣工艺以五彩丝线满绣吉祥花鸟纹，领、袖、前襟边缘饰花蝶纹和如意云头花边，下摆绣海水纹。色彩丰富，纹饰生动，绣工精致，代表清晚期粤绣技艺较高水平，存世罕见。

十八世纪，"中国风"成为全球时尚潮流，粤绣被誉为"中国送给西方的礼物"走上时尚巅峰，受无数人追捧。此件衣服集世间珍禽，寓万邦和谐、前程似锦。纹样生动写实，极尽华丽灿烂。缤纷多姿的禽鸟在千丝万线之下，以不同形态定格于画面中。目之所及，似有鸣声上下，盎然生机。（刘华）

018

盘金打籽绣清供图挽袖

清
长50厘米，宽10厘米
2022年征集

挽袖是中国古代女子衣袖的缘边装饰，也是闺阁绣品中特别能彰显女子情致和审美的物件，在清代江南地区汉族女性的服饰上非常流行。

此件挽袖以蓝缎为地，以盘金、打籽工艺绣清供图，针法细密均匀，画面色彩丰富。绣面自下而上绣秤砣、如意，果盆盛寿桃、柿子、虎头香炉、古琴、花瓶、瓶花、水盂、卷轴、珊瑚、无字扣等物事，寓意"称心如意""福寿康宁""花开富贵""平安无事"等美好意愿。
（刘华）

019

杏红色缎绣龙凤太少狮花卉纹云肩

清
长52厘米，宽52厘米
2023年征集

　　四合如意型三层云肩，杏红色缎彩绣龙、
凤、太狮少狮及各式花卉纹。层次分明，配
色鲜艳，寓意吉祥喜庆、子嗣昌盛。（刘华）

020

红色缎绣龙凤纹马面裙

清
腰围117厘米，摆围250厘米，裙长95厘米
2024年征集

　　此件马面裙红缎为地，浅蓝色内衬。
前后里外共有四个裙门，两两重合，前后外
裙门彩绣正龙、灵芝云、蝙蝠、八吉祥纹，
侧面打褶，褶间左右对称绣一行龙和四只凤
鸟，裙腰为浅蓝色宽布，两头缀纽结，下摆
彩绣海水江崖，马面及下摆边缘镶黑缎地三
蓝绣八吉祥与暗八仙纹边。主要运用盘金、
打籽、平绣等技法。形制规整，纹饰吉祥，
绣制较精，为清晚期汉族贵女所穿马面裙。
（刘华）

陈设类

021

织绣龙纹挂屏

明
横53厘米，纵17厘米
2022年征集

　　该件挂屏为织锦与刺绣工艺相结合。上下绣窄边，上部斜纹交织，间以点缀花卉、铜钱和如意云纹，下部以红线铺地，绣有卷草纹和彩色如意云纹。挂屏主体以金线铺地，绿线绣五爪行龙一条，为传统海水云纹"龙赶珠"图饰。色彩明艳，刺绣工整，形制抽象大气，与明代同时期的瓷器、家具等艺术品有异曲同工之妙。（刘华）

022

明黄色缎绣彩云金龙纹绣片

清
横139厘米，纵31厘米
2024年征集

挂屏以九幅绣片拼接而成，明黄色缎为地，以盘金、齐针、抢针、套针针法，绣九条金龙翻腾于五彩灵芝状祥云间。中间为一正龙，左右两边对称分列两组降龙、升龙，纹饰立体，配色鲜艳，绣工精致，尺幅宽大，整体气势磅礴，具有较高的展陈和收藏研究价值。（刘华）

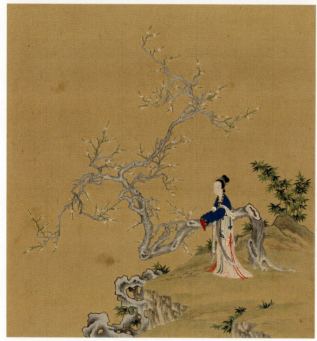

023

顾绣山水人物册页

清

画心横41厘米，纵42厘米

2024年征集

　　此为织绣画册页，封面题签为"顾绣山水人物册"，内有绣画结合的秋景山水、高山听松、梅花仕女、停笔赏梅、江边独钓、松下听泉等山水人物图6幅，撒金纸4开及白描云龙图1幅。绣品平滑如纸，晕色细腻自然，人物形象传神，在线色不及处用笔点染，体现出顾绣以绣为主，以画为辅的最基本特征。鉴藏印：白文"恭亲王"、朱文"郡王衔多罗贝勒"、朱文"凝香斋"。

　　顾绣又称"露香园顾绣"，起源于明中晚期，相传明嘉靖年间松江府有个进士叫顾名世，晚年在上海九亩地建筑了一座林园居住，取名"露香园"，顾氏后裔精于刺绣，有独到之处，绣品供观赏、赠友，"顾绣"即由此得名。顾氏绣法从内廷传来，擘丝比头发还细，针刺纤细如毫毛，配色精妙，别具心裁。所绣山水、人物、花鸟都气韵生动，精细无比，"顾绣"之名大振。明末地方志提及顾绣时记述："尺幅之素，精者值银几两，全幅高大者，不啻数金。"可见顾绣之名贵。

　　此套册页存世稀有，反映出清早期顾绣工艺的典型风格，是代表顾绣高超工艺的传世作品，具有珍贵的收藏和研究价值。（刘华）

024

刺绣耕织图之捉绩、分箔挂屏

清
横34厘米，纵130厘米
2023年征集

绢地彩绣屋舍庭树，一幅绣屋内六位妇女正在捉绩，两孩童于桌下玩耍；一幅绣屋内妇人正在将成蚕分箔，屋外有孩童妇女正欲入内。屋外地面染石绿、绘小草。其余图案均为绣制，明暗绣工好。主题鲜明，构图严谨，绣制精良。

图案源自清康熙三十五年（1696）内府刊本《御制耕织图》，清圣祖玄烨题诗，焦秉贞绘耕图、织图各23幅。捉绩为织部中第五图，即观察蚕的生长情况，区分老嫩，将老蚕捉走上簇。分箔为织部中第六图，箔即养蚕用的匾，分箔就是将成熟和未成熟的蚕分箔饲养。（刘华）

025

苏绣荷塘鸳鸯图挂屏

清
横36厘米，纵63厘米
2023年征集

　　苏绣是江南一带细丝淡彩绣品的统称，以精细、洁雅著称，位列中国四大名绣之首。此幅挂屏绣一对鸳鸯在荷花与蓼花下嬉戏，水波荡漾，花枝摇曳。构图简单和谐，绣工精良，晕色自然。（刘华）

026

红呢地绣海屋添筹挂屏

清
横129厘米，纵37厘米
2022年征集

哆罗呢，又名哆罗绒（broadcloths），是西方的一种宽幅毛呢类织物，以羊毛为原料，以平纹居多。早在16世纪的荷兰已颇具特色，后陆续传至英法意等国。清代宫廷的哆罗呢来自欧洲的朝贡，常被用作宫中桌围面、炕围面等铺垫围幔使用。

此件挂屏以红色哆罗呢为地，奔腾的海水之上，琼楼耸立，两边有仙鹤衔筹而来，佛手、寿桃瓜瓞绵延，两株灵芝对称直立，夹杂有牡丹、菊花等盛开的鲜花，画面整体富贵艳丽，寓意吉祥。（刘华）

027

鲁绣八仙过海图挂屏

清
横416厘米，纵55厘米
2022年征集

　　此套挂屏一组三件，原先应合为一件，在流传过程中被截为三段，主体画面保存完整。香色地，绣八仙过海故事图案。八仙形象定型于元末明初杂剧《争玉版八仙过沧海》，绣面上共有十位神仙，可能为早期八仙形象，手持法器，各显神通，与虾兵蟹将激战于海浪之上。此套挂屏针线细密，绣工整齐，丝理疏朗有致，线条流畅优美，将鲁绣苍劲、豪放、优美的特点发挥得淋漓尽致。（刘华）

028

缂丝西厢记人物故事图屏

清
横23厘米，纵32厘米
2022年征集

此对挂屏缂绘结合，表现《西厢记》人物故事，分别为"张生翻墙会莺莺""崔莺莺西厢观花"，边缘饰蓝地缂丝缠枝花卉纹。（刘华）

缂丝李广射虎图挂屏

清
横24厘米，纵39厘米
2022年征集

　　该挂屏主体部分红地缂丝，为李广射虎故事图，彰显飞将军李广的勇猛。上端米色地缂丝，为东方朔偷桃故事图，边框饰以蝙蝠、寿桃、葫芦、灵芝等纹样，寓意福禄寿康、吉祥如意。（刘华）

030

缂绘蟾宫折桂图屏

清
横100厘米，纵38厘米
2023年征集

　　屏长方形，缂绘结合，主要轮廓为缂丝，纹饰细节皆为绘制。画面正中一小亭，亭后松树、梅花直插云霄，前方坡地栏杆。画面左侧桂树下，牡丹、水仙盛开，一状元郎左手持桂花，右手捧笏板，一小童手持灯笼在前引路，另一小童手举牡丹跳跃在后，即"蟾宫折桂"，寓意考生金榜题名。画面右侧为五个孩童争夺盔帽，即"五子夺魁"，寓意高中状元。四周装裱四达晕花卉纹宋锦宽边。（刘华）

031

石青地刺绣"一品当朝"椅披

清
横46厘米，纵153厘米
2022年征集

　　石青缎地椅披一对，椅脚部分绣一只双角牛蹄金麒麟奔腾于海水江崖之上，麒麟头、身、四脚用平金绣制，毛发、尾部以及海水江崖、杂宝等用五彩丝线绣制，盘金线作轮廓；椅背部分绣海水江崖之上团鹤一只，口衔折枝梅花，仙鹤身体用大量金线绣制，其余羽翼、花卉、祥云、红日及海水江崖的轮廓均为金线绣制，鹤顶为红线打籽绣；椅面为宝相花团花纹，云龙纹开框；椅搭为伞盖下金线绣团寿字。仙鹤为文官一品，麒麟为武官一品，此对椅披以仙鹤、麒麟为主题，寓意"一品当朝"，官运亨通，富贵吉祥。整体色彩丰富，精工细作，大量使用金线，且品相完好，具有很高的收藏价值。（刘华）

032

粉色缎粤绣"利哆遮"款花鸟纹围幔

清
横275厘米，纵100厘米
2022年征集

该围幔整体呈长方形，粉色缎为地，以黑地彩绣花卉纹边将画面分为上、中、下三层，上层绣彩蝶穿梭于牡丹、海棠之间，中层和下层绣翠鸟、仙鹤、喜鹊、绶带鸟等珍禽以及牡丹、玉兰、梅花、竹叶等花卉数种。围幔右下角绣商号"利哆遮"三字。整件绣品具有粤绣风格，针法细腻精致，纹饰生动精美，配色雅致，尺幅宽大，为床幔装饰用品。

明清时期，丝绸作为重要的大宗商品经广州运销到世界各地，其中为欧洲客户定制的粤绣外销品被广泛装饰于室内家居用品上，成为当时欧洲贵族彰显身份、引以为傲的奢侈品。这件围幔也体现出海上丝绸之路背景下中西艺术的交流和互鉴。（刘华）

033

白色缎广绣花鸟纹插屏

清
屏心横34.8厘米，纵44.3厘米
长51厘米，宽20厘米，高68厘米
2023年征集

此插屏长方形边框嵌五彩螺钿，屏心白缎地上彩绣锦鸡、燕子、麻雀、牡丹、翠柳等花鸟纹，主要针法为广绣，同时又有苏绣针法应用，两者融合，绣工精致。附红木座，底足呈伏狮状，立柱顶端雕有小狮子，绦环板、披水牙的正面与宝瓶式站牙镶螺钿装饰。为案面陈设品。（刘华）

第六章

杂项

Miscellaneous Articles

红漆戗金八吉祥纹经文夹板

明永乐
长72.5厘米，宽27厘米，厚3厘米
2022年征集

经夹板也称护经板、诵经板、封经板，供函装重要经册，用于保护佛经。此经板呈长方形，红漆地上戗金描绘佛教纹饰，正面略隆起，有两个相套的条棱组成长方形开光，开光内绘五组图案。正中为宝瓶托三个火焰摩尼珠，象征佛、法、僧三宝，两侧卷西番莲纹中分饰华盖、海螺、莲花、盘长纹。开光四周环饰莲瓣，边沿饰缠枝莲花和卷草纹。

明永乐年间，明成祖敕令在南京刊刻藏文大藏经，是历史上第一部刻本的藏文大藏经，颁赐西藏诸佛教领袖，每册首尾都用此经板夹存。藏传佛教通过大运河广泛传播，沿岸分布众多佛教寺院和佛塔，体现了开放、包容的大运河文化。（刘华）

003

剔犀卷草纹盖盒

明
口径8.5厘米，底径10厘米，高3厘米
2022年征集

　　剔犀为漆器工艺的一种，先用不同颜色的漆，以分层设色的方法涂在制好的胎骨上，然后在漆层上剔刻出图案。雕刻时刀锋斜下，使不同颜色的漆层能够显现，状似犀皮。此盒圆形，子母口，浅腹，平底。器表用红、黑、黄三色漆分层反复髹成，表层为红色漆面。盖面及盒壁剔雕卷云纹，纹饰立体舒畅。内里及外底髹黑光漆。造型利落，纹饰生动，髹漆肥厚，风格质朴。（刘华）

004

漆雕剔彩如意

清
长42.5厘米，宽11厘米，高6.5厘米
2022年征集

　　剔彩为雕漆品种之一，是用多种色漆分层涂于器物之上，雕刻时分层取色。如意满工雕饰吉祥纹样，以红、黑、黄三色漆区分层次与空间。灵芝形如意头雕饰蝙蝠，开光内松石灵透，一位老者肩挑竹枝，宽衣博带，神态安然；柄中部开光雕清供图，曲柄两端雕杂宝纹；尾端雕饰蝙蝠，侧面雕饰连续回纹；背面满雕万字纹及十二瓣花锦纹。整器胎骨坚实，纹饰寓意福寿吉祥，雕刻精湛，具有典型的清中期艺术风格。（刘华）

005

剔红夔龙纹双耳炉

清
口径10厘米，底径9厘米，高16.5厘米
2024年征集

炉由炉盖、炉身两部分组成。子母口，弧形盖，卷云纹白玉钮，圆鼓腹，腹部饰有双鱼形耳，矮圈足。腹内置铜胆，配有红木底座。通体剔红工艺，盖与身回纹锦地上雕夔龙纹，口沿一周雕饰团寿几何纹。内里髹褐色漆。整体造型仿古，髹漆肥厚，雕刻精细，具有清乾隆朝雕漆特征。（刘华）

006

剔红莲花纹菊瓣式盒

清
口径16.5厘米，底径10.2厘米，高10.5厘米
2023年征集

　　一对。整体呈菊瓣形，子母口，盖面平，弧腹内收，圈足底。器表髹红漆，盒内及底髹黑漆。外壁菊瓣均匀对称，每瓣内对称雕饰折枝莲纹，花卉、枝叶雕琢细致入微，层次分明，圈足饰以回纹。此对漆盒雕工深峻爽利，漆质绵密厚实，玲珑别致，光泽亮丽，具有典型的清中期工艺特征，成对保存不多见。（刘华）

"苏州府"铭官斛

清
口边长28厘米，底边长54厘米，宽69厘米，
高37厘米
2023年征集

斛呈覆斗形，口小底大，上下方形，平底。八个角均用铁皮包角，下腹及底部用铁条加箍，斛两侧有握手。四面刻字繁体楷书，填黑色或红色涂料，分别为"奉院司道仰府较同""官斛""苏州府尤万顺行""仁字伍号"，为清代苏州府的量器标准件。

斛是一种量器，用于称米等粮食。古时漕运必须使用官斛过粮，漕船交粮时要"起米过斛"，即将米从舱内取出用斛量，一斛相当于五斗，约35.8公斤。此件官斛形制规整、刻字清晰，是运河漕粮运输的重要见证，保存至今实为难得。（刘华）

GAME

008

黑漆描金开光银底绘山水人物纹游戏盒

清
长38.5厘米，宽30厘米，高14厘米
2024年征集

盒呈倭角方形，盝顶盖，子母口，下承四兽状足，盒内装有7个盖盒及10个小碟，通体黑漆地上描金彩装饰，盒盖及侧身开光内皆银底彩绘山水人物图，盖顶开光外锦纹地上饰银底彩绘松鼠葡萄纹，肩部描金双龙戏珠纹，内盒盖开光内银底彩绘花鸟图。小碟有2组，每组5个，正面分别描饰英文字母"GAME"、庭院人物图、扑克人物图等。盒内分别盛装纸牌，贝雕筹码，及红白双色塑料筹码。此套筹码盒是典型的晚清广州外销漆器，应是西方人定制的游戏用具，内容丰富，工艺精良，是研究漆器工艺及中外文化交流的重要实物资料。（刘华）

009

"千里"款黑漆嵌螺钿人物故事图盘

清
盘径13.1厘米，底径8.7厘米，高1.2厘米
2023年征集

　　一组四件。口沿镶银扣，浅腹，平底，通体黑漆地上嵌薄螺钿装饰。盘内圆形开光内嵌西厢记人物故事图，局部贴金片装饰，盘口沿处饰一周缠枝花草纹。底部嵌螺钿方框内有"千里"二字寄托款。造型小巧，图案生动，黑漆质坚光亮，螺钿五彩斑斓。

　　江千里，字秋水，江苏扬州人，明末清初著名漆艺家。他习惯以文学名著中的人物为题材，形成自己的制盘风格，尤其对叛逆封建礼教，忠贞自主爱情的男女主人翁情有独钟。王士祯《池北偶谈》和朱琰《陶说》皆称他"善镌嵌螺钿漆器，技艺精湛"。至清代以后，"千里"已成为螺钿工艺的一个品牌，许多名贵的螺钿器皿上均嵌有"千里"底款，苏浙地区甚至有"家家杯盘江千里"之说，可见其作品的知名度与影响力。
（刘华）

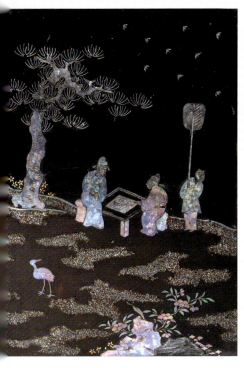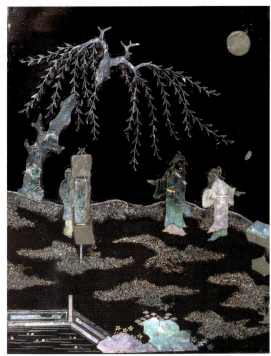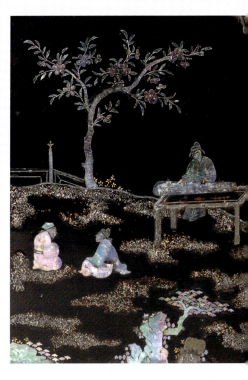

010

"千里"款黑漆嵌螺钿妆奁屉盒

清
长17厘米，宽16厘米，高24.5厘米

盒呈弧形四方仿茶棚造型，通体黑漆地上嵌五彩螺钿装饰，局部贴金。顶小底大，竹节状立柱上下出头，顶面饰五子夺魁，四周围栏开光；内置四屉，正中置铜吊牌，屉面饰以山水人物；两侧及背面分饰对弈、抚琴、赏画等文人雅事；底部嵌螺钿方框内有"千里"二字款，柱顶、柱脚、围栏及牙条边缘皆有锡制金属包角加固。局部螺钿与贴金脱落，有修补痕迹。整体典雅别致，纹饰繁复，工艺精湛，保存较好，具有很好的陈列观赏和研究价值。（刘华）

011

"葵生"款漆砂砚

清
长13.5厘米，宽10.2厘米，厚5.1厘米
2024年征集

漆砂砚始于宋代之前，用大漆调和紫色颜料和细砂髹成，清乾隆年间，由扬州髹漆艺人卢映之恢复，至其孙葵生所制尤精，著名当时，称"漆砂砚"。此砚为木胎漆砂制，体轻而薄，色为浓紫，仿拟石色，砚呈抄手式。配有盖与座，盖和座面以螺钿砂粒撒至大漆表面髹饰，如繁星点点，盖面以螺钿、青金石等嵌出树石猫蝶图，座背面有"葵生"朱漆篆文款。（张晓婉）

紫檀嵌掐丝珐琅宝相花纹盖盒

清
长12.5厘米，宽10厘米，高7.5厘米
2022年征集

　　一对。整体为圆角方形，器身为紫檀制作而成。盖口沿处雕刻连续回纹，器身满雕缠枝莲纹，盖面采用掐丝珐琅工艺饰以宝相花纹。紫檀雕刻繁复，掐丝珐琅烧制较好，做工精巧细致，具有清中期的艺术风格，历史、艺术价值较高。（刘华）

013

山水人物纹犀角杯

清
口径8—10厘米，高4.3厘米
2022年征集

　　该器以亚洲犀角雕刻而成，呈深褐色。椭圆形口，浅圈足底，外壁以浮雕、阴刻等技法雕刻山石、松树、人物图。两侧镂雕出松树干，枝叶茂盛，松鳞斑驳，一侧的松荫巧妙延伸至口沿处，松树间水波荡漾，水边各雕有一人物，或坐于行船泛舟，或立于岸边俯身听涛。此件犀角杯纹饰复杂，质地坚实，色泽莹润，雕工精湛，是清代犀角雕刻中的精品。

（张晓婉）

竹雕松树纹杯

清
口径7.1厘米，底径4厘米，高8.1厘米
2022年征集

此杯由一整块竹根雕刻而成，敞口，下腹内收，平底。外壁一周以浮雕、透雕技法，雕苍劲古松，松干盘曲于杯侧，松枝处阴刻团团针叶。此器料大物美，雕工细腻，刀法快利，磨工圆润，包浆自然，是难得一见的佳品。竹根雕兴盛于明末清初，清中期达到顶峰，是古代文人雅士赏玩、馈赠的上乘之选。（刘华）

015

沉香雕帆船摆件

清
长25厘米，宽8厘米，高15.5厘米
2024年征集

　　该摆件以沉香木雕刻而成，船上桅杆高
耸，雕刻出十余人合力升帆、摇桨等水上工
作场景。人物形态各异，情态古拙，下承雕
成浪花形的木底座。雕工粗放，包浆自然，
材质珍贵，具有一定的收藏价值。（刘华）

016

竹雕二乔并读图香筒

清
筒径4厘米，高23.3厘米
2023年征集

　　香筒圆柱形，中空，上下两端有黑漆盖，表面采用镂雕技法雕刻二乔并读图。大小乔立于松荫之下，头束高髻，披帛垂地，身姿绰约，一人在前展卷默读，一人在后若有所思，旁边一侍从伴读在侧，包袱、雨伞置于地上，另雕有圆凳、案桌、茶壶等陈设。布局有致，图案生动，色泽典雅，雕工精湛。（刘华）

017

竹雕荷叶洗

清
长12.5厘米，宽12厘米，高6.5厘米
2023年征集

　　整器呈荷叶状，卷沿，深腹，圜底。纹饰雕刻精美别致，荷叶盘曲，层层叠叠，底部花蒂与花秆缠成一束绕转至洗沿，有的在边沿两侧伸出两朵花苞，有的伸至洗内底部，刻划的叶脉纹路清晰，花杆上还停着一只青蛙，更添几分生趣。此器造型别致，以"荷塘清趣"题材寓意清廉高洁，体现了文房用具的古朴典雅。（张晓婉）

018

竹雕江海行舟图笔筒

清
直径15厘米，高16厘米
2023年征集

圆筒式，下承三矮足，口、底镶红木。外壁以浅浮雕技法绘江海行舟通景图，景致远近错落，动静相宜。画面上可见旭日东升，山峦层叠，近处的水面波澜平静，祥云缥缈，江边有人垂钓，近处有人撒网；松枝如盖，山路盘旋而上，两岸夹江，江海泛波千里，江中大船正驶向远方。笔筒雕工细腻精致，景象壮观，以阴刻法刻画出枝叶等纹路，画面繁而不乱。

（张晓婉）

019

牙雕罗汉图臂搁

清
长34厘米，宽10厘米，厚1.5厘米
2023年征集

　　整器以象牙心材制作而成。上窄下宽，背面打磨平整，正面底部刻划出曲水边缘，画面主体采用深浮雕、镂雕、阴刻等多种技法，雕出36个罗汉的群像图，按照空间顺序自上而下可分三层，高山耸峙入云，庙宇楼阁矗立其间，山石树木意趣盎然，廊阶垂斜。每一层众罗汉或聚或散，姿态各异，或双手合十，或捻珠，或持拂尘，或抱经卷，或拈须眉，人物众多，层次分明。

　　此件臂搁画面丰富饱满，布局巧妙，有很强的立体感，其观赏意义已远远超过实用价值。（张晓婉）

020

牙雕人物故事图砚屏

民国
长46厘米，宽9.5厘米，高35厘米
2022年征集

象牙质，以五扇组合，下承八字形三
联须弥式底座。中间主屏浮雕洛神赋图，侧
屏分别雕有举案齐眉、吹箫引凤、才子佳人
等古代爱情题材人物故事图，各屏均饰回字
纹边。屏风上眉板及下裙板饰拐子龙纹。底
座上部浮雕仰覆莲纹，间夹缠枝花卉纹，下
部为拐子龙纹和缠枝卷草纹。雕工精巧细
致，材质珍稀，蕴含传统文化的美好意境，
高超的制作技艺令人叹为观止。（张晓婉）

021

染色牙雕仿生鼻烟壶

民国
长2.7—4厘米，宽1.2—2.8厘米，高3.8—5厘米
2024年征集

　　一组十二件。雕琢成不同的花果鸟虫等形状，并局部染色。小巧可爱，蕴含传统吉祥寓意或题材，如白菜蝈蝈、鲤鱼吐水、瓜瓞绵绵、双鸟衔芝、喜鹊登梅等，形象富有生机。鼻烟壶皆配小勺，勺柄端造型各异，与壶身形状相得益彰，匠心巧妙，雕琢精细。（张晓婉）

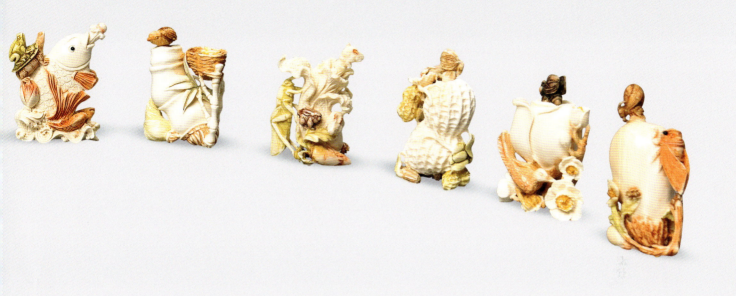

022

于硕牙雕云纹微刻诗文山水图章料

民国
长7.9厘米，宽6.2厘米，高10.7厘米
2024年征集

　　此件章料象牙质，圆柱体，顶部外表面浮雕出祥云连绵，柱体正面浅刻《报任安书》《答苏武书》《治安策》《过秦论》等名篇原文，共75行，落款"啸轩于硕刻"，背面微刻山水图：峰峦叠嶂，水波涟漪，树石环绕，右上角刻四行诗"秋林黄叶独行人，短发萧搔两鬓银，老到江南游不尽，也胜骑马踏京尘"，落款"啸轩于硕刻"。字体工整，细如发丝，体现了作者深厚的艺术功力。于硕（1873—1957），字啸轩，江都人，集金石书画等诸艺于一身，精于微刻。著名收藏家王世襄、史学家邓之诚皆对于硕的微刻技法有高度评价。（张晓婉）

023

酸枝木嵌杂宝围屏

民国
长243厘米，宽4厘米，高190厘米
2022年征集

　　屏风6扇组合，每扇以金属合页相连，可开合。直腿方足，光素红木边框。正面屏心分联雕锦地纹镶嵌杂宝装饰，由内到外左右对称；中间两屏心嵌珐琅瑞兽，背驮团寿玉璧，倒挂蝙蝠口衔盘长及兽面玉石，下方嵌玉石瓜果、花鸟、宝瓶、带钩；稍外两侧屏心嵌紫檀木雕龙绕乾卦圆形座屏，下嵌玉石葫芦、盆花、如意、葡萄、麒麟；最外两侧屏心嵌玉石木雕的清供陈设，下方嵌玉石花生、玉牌、玉鱼、宝瓶及如意；上下绦环板及下裙板饰浮雕开光清供图。背面屏心分联浮雕竹石图，上下绦环板及下裙板分别浮雕开光夔龙悬磬及夔龙如意纹。整体造型大气，寓意吉祥。（刘华）

第七章

书画文献

Painting
and
Calligraphy

书画类

001

黄慎 芦雁图轴

清
纵130厘米，横165厘米
2023年征集

题识：南归爱占荻芦洲，杳渺晴空一片秋。何事飞鸣多回顾，大都不免稻粱谋。瘿瓢。

钤印：白文"黄慎"、白文"瘿瓢山人"、白文"东海布衣"。

黄慎（1687—1772），初名盛，字恭寿，号瘿瓢子，别号东海布衣，福建宁化人。初随上官周学画，曾多次在扬州卖画，"扬州八怪"之一。擅画人物、山水、花鸟。工草书，法怀素，后以狂草笔法作画。亦能诗，著有《蛟湖诗钞》。

绢本，设色。黄慎以人物画最为突出，题材多为神仙佛道和历史人物。花鸟画宗法徐渭，此幅芦雁图为其较为少见之题材，纵逸泼辣，挥洒自如，尺幅巨大，较为难得。黄慎出身贫寒，平生不得志，只能以写字卖画布衣终身。此图虽画芦雁，但更抒发了自己理想未酬只作"稻粱谋"的无奈。（张弛）

边寿民 芦雁图轴

清
纵146厘米，横51厘米
2023年征集

题识：荻尾风摇擎败荷，归鸿
嘹唳杂鸣莎。人言画是无声句，我画
翻种声太多。绰绰翁。

钤印：白文"颐公"、白文"绰
绰老人"。

边寿民（1684—1752），初名维
祺，字颐公，号苇间居士，江苏山阳
（今淮安）人。擅画花鸟、蔬果和山
水，尤以画芦雁驰名江淮，有"边芦
雁"之称，是扬州画派的代表人物。

纸本，设色。画中两只芦雁身
处苇塘沙洲之上，作引颈向上姿态，
塘中荷叶残败，芦苇低垂，描绘出一
幅深秋景致。画法上大笔泼墨，浓淡
有致，仅在芦雁喙间与脚蹼施以赭
黄，苍浑生动，潇洒自如，画面采用
对角式构图，气势绵长。诗题画意，
"雁我合一"，既是画家所向往的坚贞
品格，也是其郁郁不得志的真实写
照。（张弛）

003

王敬铭 匡庐图轴

清
纵101厘米，横40厘米
2023年征集

　　题识：家在匡庐五老峰，不知
丘壑几重重。世间游展谁相过，长伴
闲亭惟古松。韦老先生正，同学弟王
敬铭。

　　钤印：朱文"佳处"、朱文
"敬"、朱文"铭"。

　　王敬铭（1668—1721），字丹思，
江苏嘉定（今属上海）人。清康熙
四十六年（1707）康熙南巡时应召入
畅春园，康熙五十二年（1713）恩科
状元，授翰林院修撰。王原祁四大弟
子之一，工小楷，有喜砚之癖，著有
《未岩诗录》等，人称"书画状元"。

　　绢本，设色。此图以平远法构
图，所绘庐山五老峰之山水，近处湖
畔画屋舍几间，可听飞瀑流泉，老
树葱郁茂盛，拾级而上，山峦连绵。
（张弛）

004

张崟 霜林归鸦图扇页

清
横56厘米，纵24厘米
2023年征集

题识：秋江十兄先生属即正之，弟张崟。

钤印：白文"夕庵"。

张崟（1761—1829），字宝厓，号夕庵、樵山居士，江苏丹徒（今镇江）人。擅画花卉、竹石及山水，山水画能脱离四王窠臼，另辟蹊径，尤善画松，时与以画柳著称的顾鹤庆并称"张松顾柳"，是京江画派代表人物之一。

纸本，设色。此图绘湖畔深秋之景，湖中波光粼粼，岸上霜林尽染，树间点点归鸦，远处云山雾霭之间，亦被霜叶染红，图中三士或倚石而靠，或泛舟水上，或临水垂钓，堪称点睛之笔。画风细腻，色彩雅致，给人一种宁静之感。（张弛）

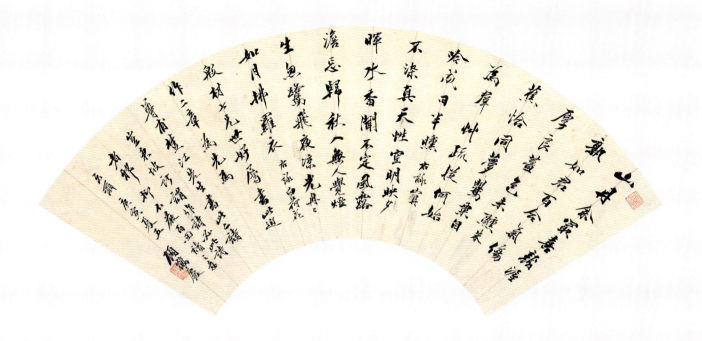

005

顾鹤庆 行书自作诗二首扇页

清
横49.5厘米，纵16.7厘米
2023年征集

释文：山丹余最嘉，颜渥孰如君。百合气伤厚，良姜色未醺。朱蕉恰同梦，阳粟自为群。草疏从何始，吟成日半曛。《右咏山丹》

不染真天性，空明映夕晖。水香闻不定，风露澹忘归。秋入无人觉，烟生鱼鹭飞。夜凉光冉冉，如月拂罗衣。《右咏白荷花》

题识：殷材七兄世好属书此近作二章为先，为尊甫楚江先生寿，此二诗岂东坡新谓作诗必此诗者，邪抑不严百回读之意云尔。庚寅夏五，顾鹤庆。

钤印：朱文"顾痴"、朱文"顾子馀书画印"。

顾鹤庆（1766—?），字子馀，号弢庵，江苏丹徒（今镇江）人。性潇洒，工诗文，善行草，并因擅画柳，人称顾驿柳，时与以画松著称的张崟并称"张松顾柳"。

纸本，行书。此作书于清道光十年（1830），为作者自作诗二首，分别为《右咏山丹》《右咏白荷花》。（张弛）

006

潘思牧 霜林话旧图扇页

清
横49.5厘米，纵16.7厘米
2023年征集

题识：霜林话旧图。庚寅新秋，临石谷先生本，并录南田先生题笺，奉博殷材七兄世好一粲。潘思牧时年七十有五。

久客诗囊未背负，岁寒相问倦游身。诗成借尔淋漓摹，霜叶林边添一人。华君、王子林间话旧，余只在焉图成以附补之。与两君同处，大嚢南田草衣恽寿平。

钤印：朱文"思"、朱文"牧"、白文"画禅"、朱文"思牧"、朱文"樵侣氏"。

潘思牧（1756—约1846），字一樵、樵侣，江苏丹徒（今镇江）人。山水远宗黄公望，近法董其昌。

纸本，设色。此图作于清道光十年（1830），所画秋日山林之景，山间层林尽染，高士执杖相游其间，雅趣横生，是为潘氏标准之作。（张弛）

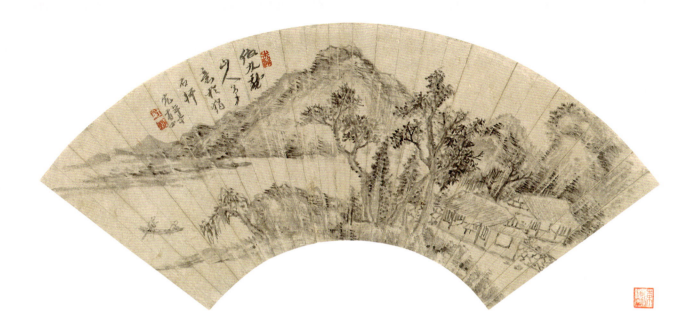

007

王宸 山水图扇页

清
横46厘米，纵16厘米
2023年征集

题识：仿九龙山人笔意于狷石轩。宸年七十有四。

钤印：朱文"半超"、白文"王宸"、朱文"柳东"。

鉴藏印：朱文"陈顺献"。

王宸（1720—1797），字子凝，号蓬心，江苏太仓人。王时敏六世孙，王原祁曾孙。山水承家学，以元四家为宗，"小四王"之一。著有《绘林伐材》《蓬心诗钞》。

纸本，墨笔。此图作于清乾隆五十八年（1793），仿王绂笔意，画面中茅屋几间，二士行舟于江上，笔墨枯毫不失功力，是王宸晚年之精品。（张弛）

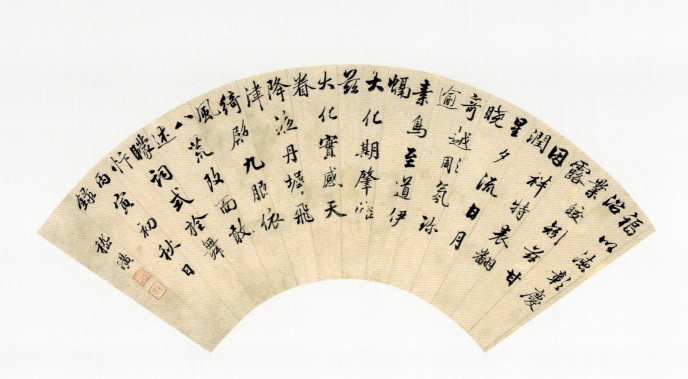

008

嵇璜 行书《芳林园甘露颂》扇页

清
横49.5厘米，纵24厘米
2023年征集

释文：福以德彰，庆沿业皎。矧兹嘉露，因祥特表。翻润星夕，流甘月晓。奇越雕氛，珍逾素鸟。至道伊融，大化期肇。惟此大化，实感天眷。降液丹墀，飞津绮殿。九服依风，八荒改面。敢述朦词，式旌舞忭。

题识：丙寅初秋日录，嵇璜。钤印：白文"嵇璜私印"、朱文"尚佐"。

嵇璜（1711—1794），字尚佐、黻庭，晚号拙修，江苏无锡人。雍正八年（1730）进士，选庶吉士，授翰林编修。曾随其父嵇曾筠习河工，帮办河务，历任江南河道副总督、工部尚书、礼部尚书、河东河道总督、文渊阁大学士兼国史馆正总裁等，晚年加太子太保。著《治河年谱》《锡庆堂诗集》《河防奏疏》等。

纸本，行书。书于清乾隆十一年（1746），录南朝梁神荐《芳林园甘露颂》诗文，此作端庄严谨又笔致灵动，既有欧底赵面，亦有馆阁严谨之风。（张弛）

009

顾光旭 行书七言联

清
每联纵127厘米，横28.5厘米
2023年征集

释文：初日芙蓉谢康乐，微云
河汉孟襄阳。

钤印：朱文"馀事"、白文"顾
光旭印"、朱文"响泉"。

鉴藏印：朱文"曾藏梁溪夏振
寰家"、白文"鹃花室"。

顾光旭（1731—1797），字华阳，
号晴沙、响泉，江苏无锡人。工书
法，乾隆十八年进士，曾任职于通州
坐粮厅，监管漕粮验收、库银出纳和
北运河疏浚。（张弛）

010

吴鼒 督漕神速图轴

清
纵127厘米，横32厘米
2024年征集

题识：督漕神速。厚庵大兄公正勤能，视国事如家事，力所能所不能，皆尽心力图之。如在两淮正南河处费繁重之时，遇奉旨解饷及商人急公捐资，至数百万之多，皆如期遍送，工所无误。嘉庆辛未夏初季降旨，奖其能事，任以催运，于是天庾所需，数千艘衔尾毕至，隐度水势闸形之缓，急险易多，为之法纬，夫蒿师趋，赏用命隐，雨淋日炙，不去河干，粮艘渡淮抵通际，历年早至四十余日。

钤印：朱文"生于乙亥"，白文"抑庵鼒印"。

吴鼒（1755—1821），字及之、山尊，号抑庵、南禺山樵、达园，安徽全椒人。嘉庆四年（1799）进士，官侍讲学士，晚年受时任两淮盐政阿克当阿之聘，主讲扬州梅花书院。擅书能画，工骈体文。著《夕葵书屋集》《清画家诗史》《墨林今话》《畊砚田斋笔记》等传世作品。

纸本，设色。此作为叙事画，上款人阿克当阿时任两淮盐政并兼管河工钱粮，此作题跋中记述了嘉庆十六年（1811）阿克当阿督漕之功绩。画面设色清雅，运河上漕船千帆竞发，岸上纤夫合力拉船，具有较高的历史、艺术价值。（张弛）

011

王素 紫藤金鱼图镜心

清
纵48.2厘米，横18厘米
2023年征集

题识：小某王素写于海陵客次。

钤印：白文"王小梅作"。

王素（1794—1877），字小梅、小某，晚号逊之，江苏甘泉（今扬州）人。善画人物、花鸟、走兽、虫鱼，亦工篆刻。清晚期扬州画坛领军人物，位列"扬州十小"之首。

绢本，设色。此作采用没骨画法，画面上部紫藤缠枝，下部三只金鱼游于水草之间，若隐若现，生动传神，颇有文人风雅。紫藤金鱼题材取意"紫绶金章"，有高官显爵的吉祥寓意。（张弛）

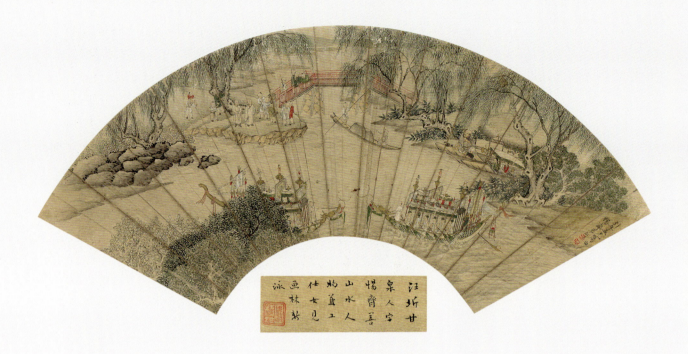

题识中的文字（扇面题跋，竖排）：

汪圻廿
泉人字
惕斋善
山水人
物葺工
仕女见
白文画
咏林新

012

汪圻 龙舟竞渡图扇页

清
横51.5厘米，纵17.2厘米
2023年征集

题识：引年五兄嘱正。惕斋弟圻。

钤印：白文"汪"、白文"圻"。

鉴藏印：白文"马积祚"。

汪圻（1776—1840），字旬卿，号惕斋，安徽旌德人，生于江苏扬州，诗人汪三屏之弟。幼师魏畹，擅画仕女，以秀丽工整、布景细致著称。

纸本，设色。所绘端午时节河上龙舟竞渡之场景，用笔工细，人物生动传神。（张弛）

莲溪 虹桥话别图卷

清
引首：横70厘米，纵30厘米
画心：横52厘米，纵31厘米
题跋：横136厘米，纵29厘米
2024年征集

题识：虹桥话别图。同治戊辰春三月上巳日，写此奉赠小凡老兄大人北上，并乞大法家雅教。方外弟莲溪。

频年清话仰苏公，十里平湖水阁中。官舫银灯骊唱起，教人怎不忆春风。春光昔日小虹桥，暂把离情写柳条。欲折一枝聊相赠，与君留证旧诗瓢。莲溪拜稿补题。

钤印：白文"真然"、朱文"野航"。

鉴藏印：朱文"小三吾鉴藏"、朱文"慕园"、朱文"枕烟"、白文"小三吾亭"、朱文"集贤街西"。

莲溪（1816—1884），名真然，字莲溪，号野航，江苏兴化人。擅画人物、花鸟、竹石。晚年居沪，在扬州、海上画坛具有承前启后的作用。

绢本，设色。此图为清同治七年（1868）莲溪为友北上送别而作，绘瘦西湖虹桥送别之景，并邀张肇岑、金长福、吴启、黄文涵、仲珣、王素、吴让之、汤禄名、海云等名家题跋，是清晚期一场虹桥修禊的生动呈现。（张弛）

014

吴大澂 山水图轴

清
纵171.3厘米，横46.3厘米
2024年征集

题识：石谷青绿从三赵入手，而中年之后渐入苍老，此尤是少壮时冲郁之气也。壬辰五月，大澂倚装作。

钤印：白文"吴大澂印"、白文"愙斋"。

吴大澂（1835—1902），字止敬、清卿，号恒轩、愙斋，江苏吴县（今苏州）人。同治七年（1868）进士，授翰林编修。著有《说文古籀补》《篆文论语》《古玉图考》等。清光绪十四年（1888）临危受命，接替李鹤年署理东河总督，负责黄河堵口事宜，堵口成功后"着赏加头品顶戴，补授河东河道总督"。

纸本，设色。此画作于清光绪十八年（1892），时值其母守丧期满除服，准备启程入都。此件作品笔精墨妙，真力弥漫，金石书法味皆足，是其绘画作品中的精品力作。（张弛）

015

项文彦 墨梅图六条屏

清
每条纵141厘米，横24厘米
2023年征集

题识：养珊仁长兄命画乞正，辛巳中秋味愚项文彦。

钤印：白文"文彦所作"、白文"蔚如书画之章"、白文"文彦私印"、朱文"三叠楼乐琴馆"、白文"项文彦印"、朱文"蔚如书画"、朱白文"文彦之印"、朱文"蔚如"、白文"淮安人"、朱文"文彦之印"、朱文"钵池山人"。

项文彦（1826—1906），字幼平，号蔚如，江苏山阳（今淮安）人。光绪年间曾任山东通济桥闸闸官，掌管当地水利、航道管理，保证漕运畅通。擅画山水，笔致苍劲，墨气淹润，近承二王远参倪黄，俱得神似。光绪六年（1880）黄河决口，鬻画助赈。

纸本，墨笔。此套六条屏作于清光绪七年（1881），每幅梅花所呈现出的姿态各不相同，枝干苍虬，梅花朵朵绽放，淡雅清新，透露出一股勃勃生机，如在寒冬中带来春天的气息。（张弛）

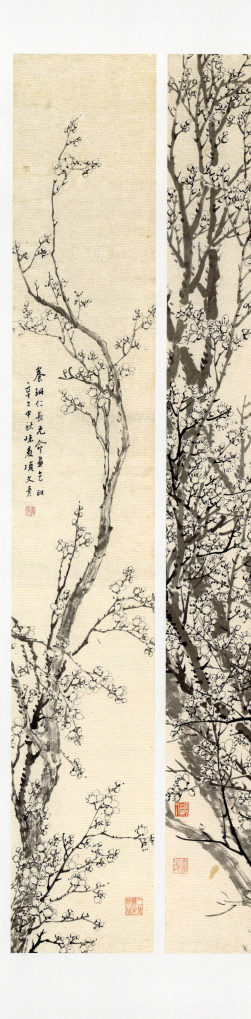

癸丑秋七月上澣子勤
鄭桂森并識

客冬浙漕改行海運
斛聶司馬奉大吏檄
與博山實甫諸君子共
主其事森得從遊其
間公暇輒流連詩酒
五月事竣旋粵司馬
以舊雨星散愴然有
懷命作是圖以誌感

016

郑桂森 浙漕改行海运纪事图册页

清
横33厘米，纵27.6厘米
2024年征集

题识：客冬浙漕改行海运，叔彝司马奉大吏檄，与博山、实甫诸君子共主其事。森得从游其间，公暇辄流连诗酒，五月事竣，旋粤司马以旧雨星散，怆然有怀，命作是图以志感。癸丑秋七月上浣，子勤郑桂森并识。

钤印：朱文"桂森"、白文"香所"。

鉴藏印：朱文"上海文献"。

郑桂森，字子勤，安徽歙县人。程庭鹭弟子，擅书画。著有《山水清音》。

纸本，设色。清咸丰二年（1852），浙江漕粮因山东运河水势骤涨而导致漕船延误，浙江巡抚黄宗汉奏请改行海运，次年起浙漕以海运取代河运，成为晚清浙江漕运常态。此册题跋记录了运河漕运史上这一重大历史事件，由王庆勋、博山、实甫等人主持此项工作。（张弛）

017

包世臣 草书节录《答熙载 九问》扇页

清
横52.5厘米，纵24.5厘米
2024年征集

释文：学书如学拳，学拳者，身法、步法、手法，扭筋对骨，出手起脚，必极筋所能至，使之内气通而外劲出。予所以谓临摹古帖，笔画地步，必比帖肥长过半，乃能尽其势。

题识：长榕先生雅正，安吴包世臣。

钤印：白文"世臣私印"。

包世臣（1775—1855），字慎伯，晚号倦翁，安徽泾县人。工诗文书画，能篆刻，其书法备得古人执笔运锋之奇，时称包体。著有《中衢一勺》《艺舟双楫》《管情三义》《齐民四术》，合刻为《安吴四种》。

纸本，草书。文出包世臣《艺舟双楫》中的《答熙载九问》，吴熙载是包世臣的弟子，该篇是对其中一问之作答，包世臣将学书法与学拳法相比较，讲求书法的筋骨气息。（张弛）

018

朱为弼 篆书《谷口铜甬铭文》轴

清
纵112.5厘米，横24.4厘米
2024年征集

释文：谷口铜甬，容十升，始元四年
北方概南左冯翊造。

题识：汉谷口甬文，类秦诅楚篆法坚
锐，朱为弼。

钤印：白文"朱为弼印"。

鉴藏印：白文"云磬鉴赏"、朱文"云
磬堂藏"。

朱为弼（1770—1840），字右甫，号
椒堂，又号颐斋，浙江平湖人。嘉庆十年
（1805）进士，道光年间官至漕运总督。精
金石，著有《蕉声馆诗文集》《积古图释》，
"嘉禾八子"之一。

纸本，篆书。此作为晚清原裱，墨气
沉着，厚重静气，作者虽位高权重却能在任
上剔除积弊，清正不阿，所谓字如其人在这
件作品上得到完美体现。（张弛）

019

勒方锜 行书书论二章团扇页

清
横25.2厘米，纵25厘米
2023年征集

释文：唐宗室思训，早以艺称于时，一家五人，并善丹青。高宗甚重之，书画均称一时之妙。官至右武卫大将军，封彭国公。开元六年，赠秦州都督。其写山水树石，笔格道劲，湍瀬潺湲，云霞缥缈，时睹神仙之事，窗然岩岭之幽。时人谓之大李将军。子昭道亦如父，故称小李将军幽。

董逌书《怀素七帖》云：书法相传至张颠后，则鲁公得尽于楷，怀素得尽于草。故鲁郡公谓以狂继颠，正以师承源流而论之也。然旭于草字则度绝绳墨，怀素乃谨于法度。要之二人皆造其极，斯可以语善学矣。昔鲁男子，以其不可学柳下惠之可，素于张旭，吾知出此。颜尝问素曰：师亦有得乎？素曰：吾观夏云多奇峰，尝师之七。

题识：厚田尊兄大人正。少仲勒方锜。

钤印：朱文"勒"、朱文"方琦"、白文"少仲"。

勒方锜（1816—1882），字悟九，号少仲，江西南昌人。曾任江苏按察使、河东河道总督。工书法，善填词，著《榑洲词》《太素斋词钞》。

绢本，行书。节录张彦远《历代名画记》、董逌《广川书跋》。（张弛）

020

卢士杰 楷书节录赵孟頫《闲邪公家传》团扇页

清
横25.5厘米，纵23.5厘米
2023年征集

释文：已未世祖以潜藩伐宋，公从渡江，将士入鄂州孟少保家争取金帛，公独收书万卷以还。中原兵火后，人家少藏书，由是远近学者诣公借读无虚日，文风渐起。中统壬戌迁中兴等处行省郎中，时浑都罕甫平，民艰食，公奉旨赈恤玉门以东，全活者无数。

题识：筱塘五兄大人雅正。节书《闲邪公家传》，戊辰孟夏，艺圃弟卢士杰。

钤印：朱文"士"、朱文"杰"。

卢士杰（？—1888），字子英，号艺圃，河南光州（今潢川）人。咸丰三年进士，历任福建盐法道、江宁布政使、安徽巡抚、漕运总督等职，在漕督任上监修徐淮河工，以劳卒官。

纸本，楷书。同治七年（1868）作，节录赵孟頫《闲邪公家传》。（张弛）

021

韩国钧 行书临《江叔帖》轴

民国
纵133厘米，横32厘米
2023年征集

释文：不审夜来胸气何似，想当渐散。痢复断未？江叔所患，何言。想叔同气，故当难处，故遣使往参。

钤印：白文"韩"、朱文"止叟八十岁后作"。

纸本，行书，临唐太宗《江叔帖》。

韩国钧（1857—1942），字紫石、止石，晚号止叟，江苏海安人。民国后曾任江苏省民政长、安徽巡按使、江苏省省长等职，致仕后兴办教育、创办实业，并为江北运河水利工程建设做出极大贡献。（张弛）

022

通草画舟船图

清
每幅横26.5厘米，纵18厘米
2024年征集

　　通草水彩画，共12幅，属于清晚期广东外销画，装裱于极具欧洲风情的木框内。通草画设色浓艳，运用西方绘画原理，反映中国风土人情，成为西方人了解中国的窗口之一。此套画作中的各类舟船极为写实，包括缉私船、运粮船、官船等，既有内河船只，也有海上船舶。（张弛）

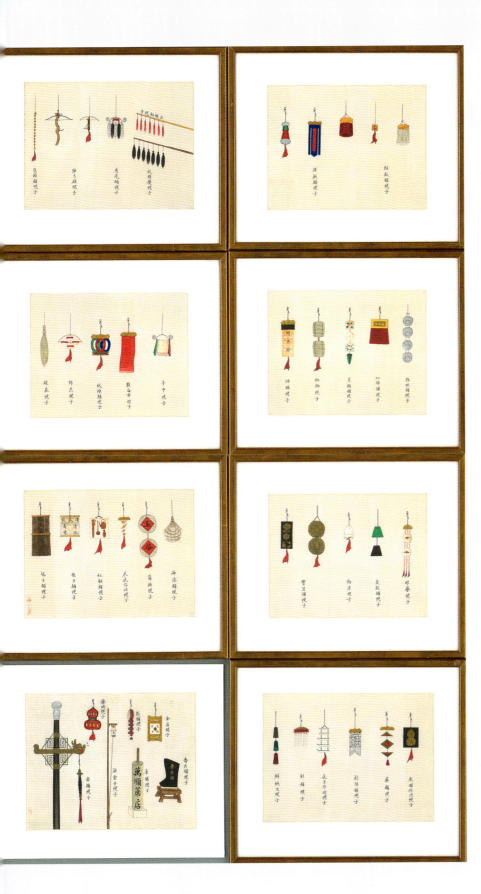

023

周其亮 北京商铺招幌图册页

民国
每开横27.5厘米，纵21.5厘米
2023年征集

　　周其亮，北京人，近代风俗画家。与其父亲周培春合称"画周儿"，曾居广州，经营外国油画作品。

　　绢本，设色。北京商铺招幌图共8页，属于外销画，每页彩绘清末民初北京不同商铺的招牌幌子，包括当铺幌子、药酒幌子、澡堂子幌子等近40种，是反映近代大运河沿线城市的生活画卷。（张弛）

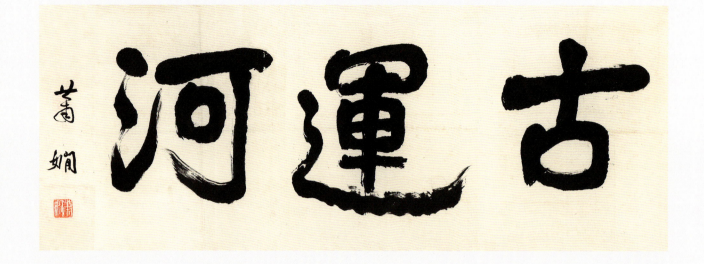

024

萧娴 隶书《古运河》横幅

现代
横205厘米，纵97厘米
2024年征集

释文：古运河。

题识：萧娴。

钤印：白文"萧娴"。

萧娴（1902—1997），字稚秋，号蜕阁，署枕琴室主，贵州贵阳人。当代著名女书法家，幼年时便有"粤海神童"之称，其书风苍浑、厚润，时与胡小石、高二适、林散之合称"金陵四老"。

纸本，隶书。此作是20世纪80年代萧娴为无锡古运河饮料厂所题写，每个字均在一米见方的宣纸上写就。一同征集到的还有当时所制作的匾额，在厂区内悬挂了三十余年。无锡古运河饮料厂生产的麒麟汽水，成为很多无锡人的童年回忆。（张弛）

025

黄永玉 扬州慢图横幅

现代
横138厘米，纵68厘米
2023年黄永玉先生捐赠

题识：扬州慢。

钤印：白文"认识的人越多，我就越喜欢狗"、朱文"黄"、朱文"椿子"、白文"黄永玉"、朱文"九五火眼金睛"。

黄永玉（1924—2023），笔名黄杏槟、黄牛、牛夫子。湖南常德人，土家族。中国画院首批院士，中央美术学院教授。

纸本，设色。此为2023年黄永玉专为中国大运河博物馆"入木——黄永玉百岁版画艺术展"而作。画作中心绘黄永玉生平最爱的红荷碧叶，先勾勒轮廓，再设色晕染。周围题跋以宋代姜夔《扬州慢》词开篇，之后讲述其作画的心境，回忆几十年前来扬州的往事。（张弛）

026

孙晓云 行书《运河颂》长卷

现代

横295厘米，纵52厘米

2022年孙晓云女士捐赠

释文：清淮控隋漕，北走长安道。樯形栉栉斜，浪态迤迤好。初旭红可染，明河澹如扫。泽阔鸟来迟，村饥人语早。露蔓虫丝多，风蒲燕雏老。秋思高萧萧，客愁长袅袅。因怀京洛间，宦游何戚草。什伍持津梁，颓涌争追讨。翻便讵可寻，几秘安能考。小人乏馨香，上下将何祷。唯有君子心，显豁知幽抱。唐杜牧《赴京初入汴口，晓景即事，先寄兵部李郎中》。

春雨未多河未涨，闸官惜水如金样。聚船久住下河湾，等待船齐不教放。忽然三板两板开，惊雷一声飞雪堆。众船遏水水不去，船底怒涛跳出来。下河半篙水欲满，上河两平势差缓。一行二十四楼船，相随过闸如鱼贯。宋杨万里《过奔牛闸》。

远漕通诸岛，深流会两河。鸟依沙树少，鱼傍海潮多。转粟春秋入，行舟日夜过。兵民杂居久，一半解吴歌。元傅若金《直沽口》。

长江西上接天津，万舰吴粳入贡新。漕卒啸风前后应，篙师乘月往来频。千年国计须民力，百里山灵护水神。秸秸古来先甸服，万方无处不尧仁。明李东阳《天津八景·吴粳万艘》。

湖水清碧如春水，渔舟棹过沧溟开。夕阳光翻玛瑙瓮，片帆影射琉璃堆。游人对此心眼豁，拍案叫绝倾金垒。湖风习习入窗牖，开襟鼓楫歌落梅。遥堤款乃声陆续，铿锵近接湖东限。烟色苍苍日色暮，欲行且止犹徘徊。俄顷星出湖墨黑，城门久闭驺人催。扶醉下船事鞍马，炬火光天归去来。清蒲松龄《泛邵伯湖》。

题识：辛丑夏，集历代颂运河诗五首于金陵东郊未了斋，孙晓云书。

钤印：朱文"花甲之年"、白文"与古为新"、朱文"祥云"、朱文花押"孙（押印）"、朱文"众乐"、朱文"乐未央"、朱文花鸟篆"凤"、朱文"上下五千年"、朱文"书法"、朱文"未了斋"、朱文"书法有法"、白文"孙晓云印"。

孙晓云（1955—），女，江苏南京人，享受国务院政府特殊津贴，一级美术师。中国书法家协会第八届主席、江苏省文联副主席、江苏省书法家协会主席、中国文联第十一届全国委员会委员。

纸本，行书，作于2021年，引首黄底宣行书"运河颂"，灰底宣纸书写正文，集历代颂运河诗作5首，分别为唐杜牧《赴京初入汴口，晓景即事，先寄兵部李郎中》、宋杨万里《过奔牛闸》、元傅若金《直沽口》、明李东阳《天津八景·吴粳万艘》、清蒲松龄《泛邵伯湖》。（张弛）

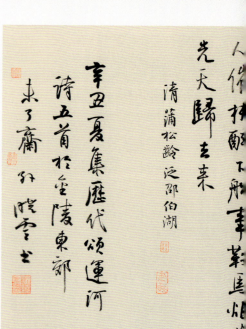

運河頌

清淮控隋漕北走長安道
橋形夾岸斜浪態逸好初
旭紅可梁明河澄如掃
澤闊烏來遲村饒人語早
露蔓瘦垂絲多風蒲蒸雛走
秋思高蕭空態長裊周
懷京洛間官遊何威草
什伍持津梁頌湯争追討
翩便詎可尋紛秘安修致
小人正藉香正下悸何禱惟
有君子心顯窈知幽抱

唐杜牧赴京初入汴口曉景即事
先寄兵部李郎中

烏依沙樹少魚傍海多橈
粟春秋入行舟日日過兵
民雜居久一半解吳歌

元傅若金直沽口

長江西上接天津萬舸吳
粳入貢新漕辛蕭風前後
態篙師乘月往來頻千年
國計須民力百里山靈護水
神秸鍤古來先甸服萬方
無虞不荒仁

明李東陽天津八景吳粳萬艘

湖水清碧如春水渔舟橈
過滄溟開夕陽光翻瑪瑙瓷
片帆影射琉璃堆遊人對
此心眼窈拍案呼絕傾金墨
湖風昭入宮牆開襟坡撑
歌酣梅逸堤新乃聲陸續
鏘鏘近接湖東隈煙色蒼
日色暮於行且止猶徘徊俄
頂星出胡墨畫成門久閉獨

春雨末多河末漲閘官惜水
如金群聚船久住下河灣

027

联英行书信札

清
每开纵22.5厘米，横12.3厘米
2024年征集

联英（1806—？），瓜尔佳氏，字哲生，号秀峰。清道光十八年进士，历任江苏按察使、江苏布政使、两淮盐运使、漕运总督等职。

此札内容涉及大雨致河道阻塞之事，当为联英任漕运总督期间所书。
（张弛）

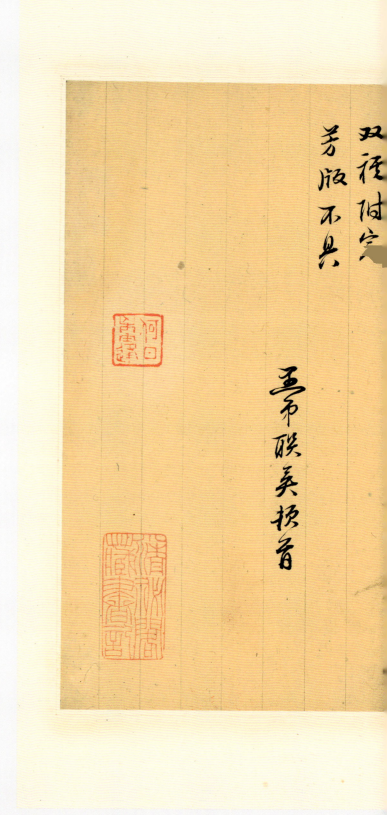

聯英 字秀峰 滿洲鑲黃旗人 道光十八年進士 官至漕督

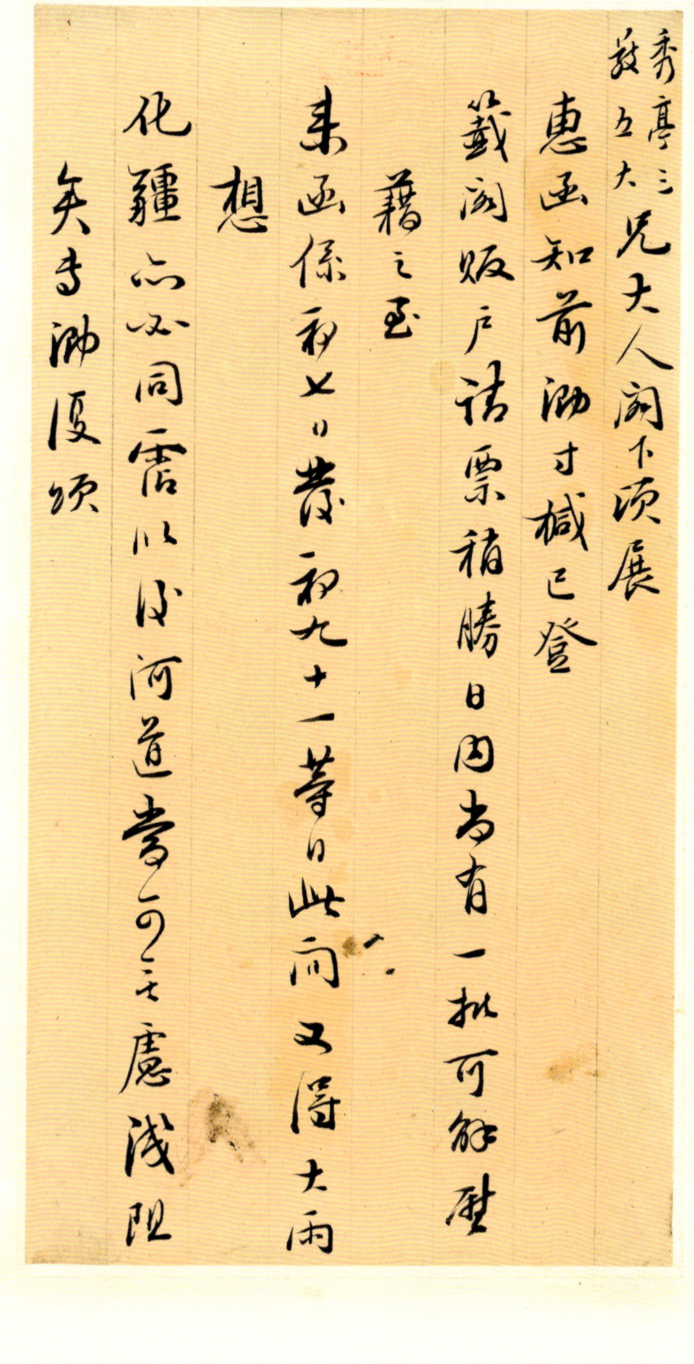

秀亭三
敬亭大兄大人閣下頃展
惠函知前泐寸緘已登
籤閱版戶諸票積勝日內當有一批可解壓
藉之至
來函係初七日發初九十一等日此間又得大雨
想
化疆亦必同霑以此河道當已無慮淺阻
矣手泐復頌

028

庚长行书信札

清
每开纵22.5厘米，横13厘米
2024年征集

　　庚长（1809—？），富察氏。历任两淮盐运使、直隶布政使、江南河道总督等职，咸丰十年（1860）作为末任南河总督被革职。

　　此札内容应写于清咸丰十年，正值捻军欲进攻清江浦，文中提到清江浦及周边地区形势及防务问题，并请求不要随意调兵。（张弛）

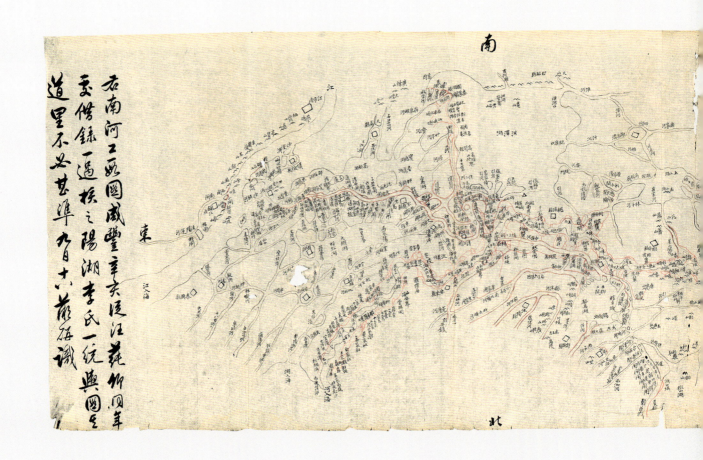

命好友现接山东
昇方伯來信又催潘得羨
金雲於本月初河委破不日當可和徐堪寔
信庭內江餉鄰叶与雲南颣
晏中丞遠為張續書餉笑主此布慶不情
外委羨完
弟芳致石一
友弟庚長頓首

靈歴被擾大李集自應預為防禦業由
尊憲派負前往諳練堪勒浮力听
示非局勘稍已者和羨銘串麾甚惧之可未
能金頗
嘱為接濟魯江拍局及各委荤稍現當
極展之隙在地兵勇口粮堂塊之寔屬
无可應

顷接初八日
來函具領一切昨接
史鎮軍來禀以奉
諭撥咨調堪撥弁兵前赴百善菇黎
營惟江皖災黎一帶雲殿匪徒伙多潜匿
且時當春荒土匪鎖民已互到靈颡擾慝
我軍一旦遠離難保不勾結作乱芋情已援手
容俟 英中丞或可免其再り遠調此

029

南河工段图

清
横54.5厘米，纵26.5厘米
2024年征集

　　此图绘以淮安府为中心的淮扬运河水系舆图，方位上南下北，南起长江，北达黄河，各种地名、水工设施标注详明。题识中注明"咸丰辛亥徙"，黄河于咸丰元年（1851）在丰县地区决口，此图应为此事之后所作，重点地方以朱色着重描绘。（张弛）

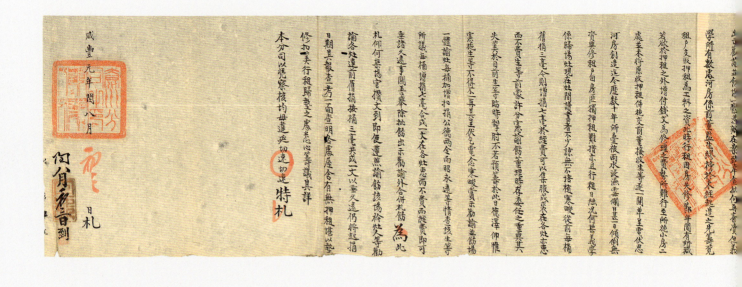

030

两淮都转盐运使司泰州分司为饬谕捐事札

清
横142厘米，纵24.5厘米
2023年征集

　　此札为清咸丰元年（1851）两淮都转盐运使司泰州分司为何垛场义学谕捐之事下发何垛场的公文。何垛场是位于江苏东台的海盐产场，清代由两淮都转运盐使泰州分司管辖。义学是古代的一种免费教育机构，专门为孤寒子弟设立，何垛场义学便是在盐场内设立的基层教育机构，由官方倡立，官民共建，地方士绅负责具体事务，经费开支等重要事项需向官方禀告。（张弛）

031

河东河道总督任道镕奏折

清
每开横25.5厘米，纵23.3厘米
2022年征集

　　任道镕（1823—1906），字砺甫，号筱沅，江苏宜兴人。历任河东河道总督、浙江巡抚等职。

　　此折为光绪二十五年（1899）河东河道总督任道镕奏请核发运河工程款的奏折副折，并详细记述了当年运河工程所需各项银两数额。皇帝批示后，原折发还具奏人，录副奏折是原折发还具奏人前，由军机处抄录存案的奏折副本。（张弛）

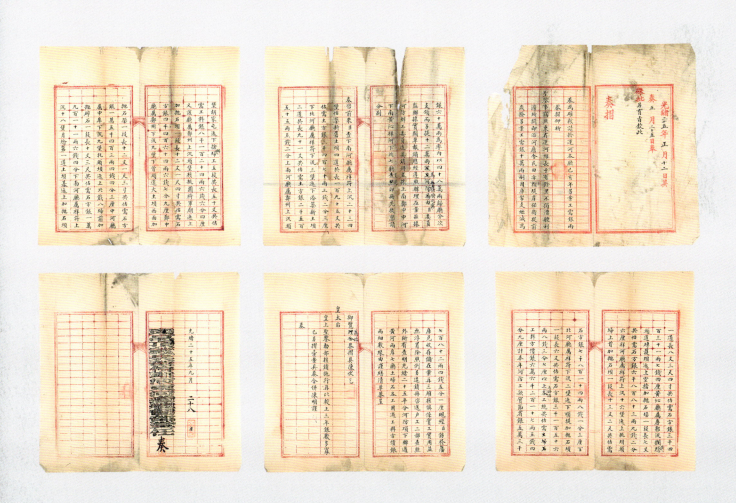

署理兩淮鹽運使司

札

何粢場

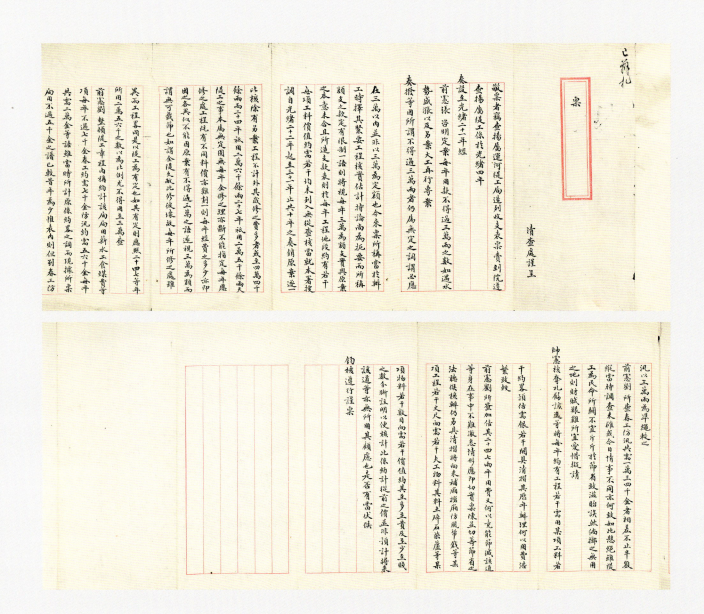

032

清查处窃查扬属运河隄工局收支折

清
横96厘米，纵20.3厘米
2023年征集

此折为清光绪三十二年（1906）清查处向上级禀请查扬属运河隄工局的预算收支问题，认为不应以此前的三万两堤工预算为标准定额，而应以每年的实际情况而分别论处。

扬属运河隄工总局于清光绪三年（1877）在高邮设立，宣统三年（1911）裁撤。据《三续高邮州志》记载，岁修支银从三万两银逐年递减，至宣统三年时仅有一千万文钱，此折是晚清国力衰弱、大运河河工建设日趋衰微的反映。（张弛）

001

熔铜雕塑《千浪卷雪》

现代
长225厘米，宽105厘米，高110厘米
2023年朱炳仁先生捐赠

作品由朱炳仁创作，受到日本浮世绘画家葛饰北斋的海浪画作品启发。作品由小件零件拼接而成，形成气势恢宏、波涛翻涌之感觉。坚硬的铜与柔情的水结合，形成强烈的视觉冲击。以水一般的灵动，定格坚固、永恒的运河魅力。（张晓婉）

雕塑《一花一世界》

现代
长450厘米，宽250厘米，高186厘米
2022年陈晓春先生捐赠

  莲花在中国传统文化中表达了丰富的文化意象，大雁塔是丝绸之路上的重要遗产点。该作品以莲花之瓣作底如行舟，大雁塔矗立船头，以象征性和超现实的观念表达东西方文化的交流与融合，也暗喻"一花一世界"的玄妙境界。作品借古喻今，也寄托着对未来的期望，寄寓中国大运河博物馆——这艘承载千古文明之船，在新时代的领航下继往开来。
（张晓婉）

003

雕塑《生息》

现代
长550厘米，宽200厘米，高300厘米
2022年李宵翰先生捐赠

    作品为不锈钢材质，以富有艺术性的夸张造型呈现出大运河的特色。白鹭翔飞，鱼儿嬉戏。作品的名称暗示了自然生物之间的联系，用艺术层面的感性引发人们对良好生态的向往与憧憬，同时展示着大运河与世界对话的无限能力。（张晓婉）

004

雕塑《荷莲》

现代
最长477厘米，最宽190厘米，最高90厘米
2022年闫坤先生捐赠

　　作品一套三件，以不锈钢制作，其纹理表现了清风入水荡起涟漪的微小瞬间。雕塑以荷叶为意象，椭圆造型与大厅地面线条形成呼应。作品安置于馆内公共空间，可坐可卧，在作品、环境与观众三者互动的过程中，以期外观景、中观人、内观心，意在追寻一种心清若水，至真至善至纯的理想境界。（张晓婉）

雕塑《镇甲》

现代
长300厘米，宽200厘米，高120厘米
2022年马文甲先生捐赠

作品以中国传统文化中的避水兽为基本原型，结合现代科技手段，采用不锈钢与玻璃为材料制作，作品内置可调节灯光，置于运河边既可表达镇水神兽的传统寓意，又为运河及博物馆外景增添炫彩夺目的艺术效果。（张晓婉）

006

剪纸《烟花三月》

现代
每件纵69.5厘米，横43.5厘米
2023年张秀芳女士捐赠

　　作品由张秀芳创作，选取三月
扬州盛开的琼花、海棠、茶花、玉兰
为主要表现对象，挣脱传统题材的束
缚，以组合的方式表现百花在春天竞
相开放的情景，传达出一种万物有灵
的生命情感。（张弛）

鹤舞云霄

张秀芳

007

剪纸《鹤舞云霄》

现代
纵61.5厘米，横61.5厘米
2023年征集

作品由张秀芳为庆祝新中国成立50周年而创作，作品中50只仙鹤按不同大小、不同姿态翱翔于同一圆中，有普天同庆之感，获得中国民间工艺美术作品最高奖项"山花奖"。

（张弛）

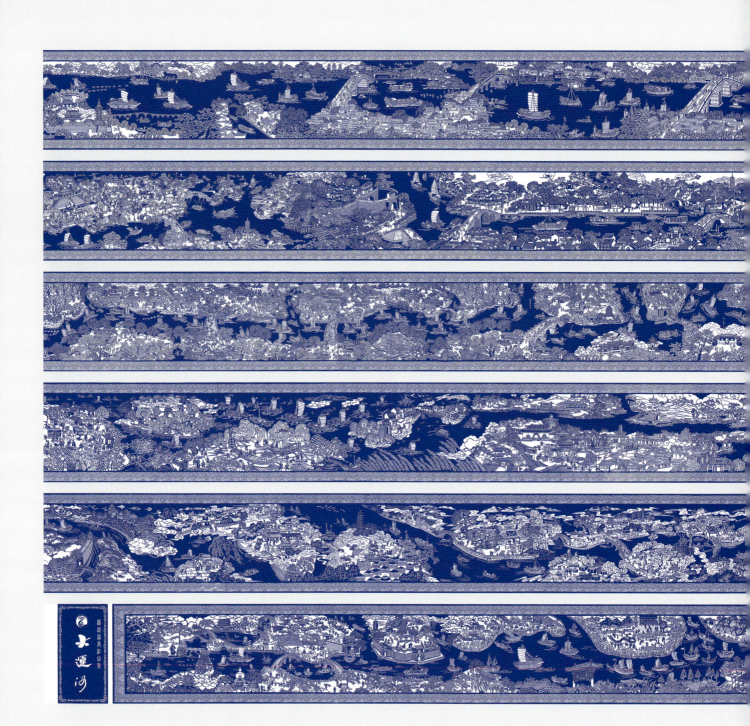

008

刻纸《大运河》百米长卷

现代
横101.2米，纵1.16米
2022年杨兆群团队捐赠

作品由大运河沿线八省（市）的十一位刻纸艺术家共同创作完成，刻画了运河沿岸名胜古迹、民风民俗、地域风情及文化遗迹等。长卷采用蓝色宣纸进行刻纸的制作技法，并充分运用阴刻和阳刻两种艺术手法进行镂空，画面以运河为主线，以阴刻的方式蜿蜒穿行在线型灵动的建筑树木间。

金坛刻纸，按照剪纸的规律和要求镂空刻制而成，既有精致匀称的线条，又有清晰完整的构图和造型，2008年被列入国家级非物质文化遗产名录。（张弛）

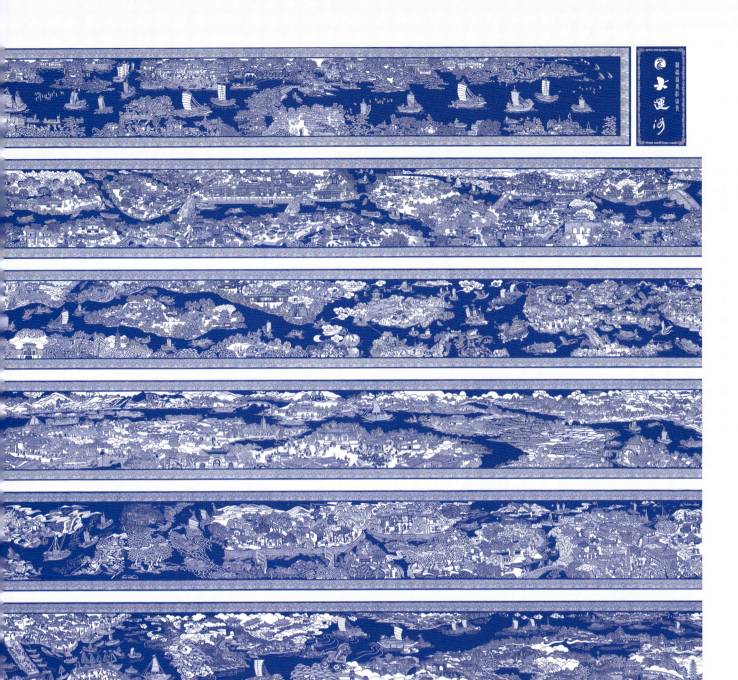

桃花坞年画
乾隆版《一团和气》

现代
横57厘米
2023年征集

  桃花坞年画，因集中于江苏苏
州桃花坞生产而得名。印刷兼用着色
和彩套版，构图对称、丰满，色彩绚
丽，刻工、色彩和造型具有精细秀雅
的江南地区民间艺术风格，主要表现
吉祥喜庆、民俗生活、戏文故事、花
鸟蔬果和驱鬼避邪等中国民间传统审
美内容。2006年被列入国家级非物
质文化遗产名录。（张弛）

010

桃花坞年画《大门神》

现代
每件纵90厘米，横52厘米
2024年征集

011

桃花坞年画《福字图》

现代
纵71厘米，横51厘米
2023年征集

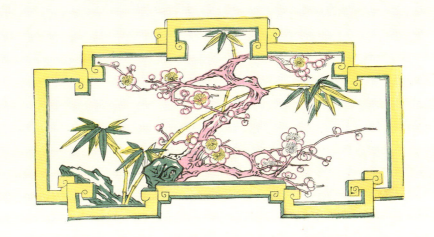

012

桃花坞年画《羞花闭月》

现代
纵40厘米，横28厘米
2023年征集

013

杨柳青年画《仕女游春》

现代
每件纵90.5厘米，横48厘米
2024年征集

杨柳青年画，因集中于天津杨柳青镇
而得名。始于明朝万历年间，盛于清代中
叶。它采用刻绘结合的手法，刻工精美，绘
制细腻，人物生动，色彩典雅。2006年被
列入国家级非物质文化遗产名录。（张弛）

014

杨柳青年画《庆赏元宵》

现代
横100厘米，纵58.5厘米
2024年征集

015

杨柳青年画《闹龙舟》

现代
横58.5厘米，纵35.5厘米
2024年征集

016

朱仙镇年画《马上鞭》

现代
横66厘米，纵35厘米
2024年尹国法先生捐赠

　　朱仙镇木版年画，因集中于河南开封朱仙镇生产而得名。诞生于唐，兴于宋，构图饱满，线条粗犷简练，造型古朴夸张，色彩新鲜艳丽，题材主要有门神、生活类年画、家堂画等。2006年被列入国家级非物质文化遗产名录。（张弛）

017

杨家埠年画《四季博古花卉》

现代
每件纵84厘米，横25厘米
2024年征集

　　杨家埠木版年画，因集中于山
东潍坊杨家埠生产而得名。兴于明
初，盛于清乾嘉年间，迄今已有六百
余年历史，乡土气息浓厚，制作工艺
别具特色，2006年被列入国家级非
物质文化遗产名录。（张弛）

兽类

001

豹猫
Prionailurus bengalensis

食肉目Carnivora 猫科Felidae
长62厘米，宽19厘米，高25厘米
2024年征集

　　豹猫是亚洲特有的分布广泛的一种小型猫科动物。常栖息在森林、灌木丛等地，以小型哺乳动物、鸟类和昆虫为食。近年来，由于栖息地的破坏和非法捕猎，豹猫的数量大幅下降，保护它们的生存环境尤为重要。为我国国家二级重点保护野生动物。

（谭笑）

水獭
Lutra lutra

食肉目Carnivora 鼬科Mustelidae
长100厘米，宽15厘米，高30厘米
2024年征集

　　水生鼬科哺乳动物，主要分布在亚洲、欧洲和非洲北部等地区。水獭有流线型的身体、短而强壮的四肢和带蹼的脚趾，体背咖啡褐色，油亮有光泽，喉部有白斑。擅长潜水，听觉、视觉和嗅觉都很敏锐。家族性穴居，以鱼、虾、蛇等为食。由于过度捕猎，加上生态环境变化，我国水獭的数量急剧减少。为我国国家二级重点保护野生动物。（谭笑）

003

豪猪
Hystrix brachyura

啮齿目Rodentia 豪猪科Hystricidae
长70厘米，宽20厘米，高30厘米
2024年征集

　　豪猪虽然名字中带有"猪"字，却与猪没有亲缘关系，是啮齿目动物，脚上长有5趾。《说文解字》有云："豪，豕鬣如笔管者，出南郡。"古人创造"豪"这个字正是来源于豪猪。豪猪为夜行性动物，一般栖息在森林和开阔的田野，它们会在堤岸和岩石下挖洞穴，家族性群居。（谭笑）

004

小熊猫
Ailurus fulgens

食肉目Carnivora 小熊猫科Ailuridae
长72厘米，宽16厘米，高27.5厘米
2023年征集

　　小熊猫躯体肥壮，性情温驯，听觉与视觉较迟钝，嗅觉亦不特别灵敏。成年小熊猫全身被有红褐色的长毛，部分个体臀背部为鲜亮的橙黄色，尾有深环纹。小熊猫和大熊猫一样，食物基本由竹子组成，特别是冷箭竹上部的竹叶。喜欢温暖湿润的环境，也能耐高寒。为我国国家二级重点保护野生动物。（谭笑）

005

狍
Capreolus pygargus

鲸偶蹄目Cetartiodactyla 鹿科Cervidae
长105厘米，宽19厘米，高71厘米
2023年征集

　　狍是我国东北地区常见的野生动物之一。大眼睛，大耳朵，颈部细长，体背草黄色，尾根下有白毛。狍子拥有发达的嗅觉和听觉，硕大的耳廓可以接收到许多微小声波，它的视觉对反射光的变化非常敏感，可以迅速发现异常。一般栖息在纬度较高、海拔较高的山林中，晨昏活动，喜食灌木、浆果等。（谭笑）

006

白鼬
Mustela erminea

食肉目Carnivora 鼬科Mustelidae
长35厘米，宽7厘米，高12厘米
2024年征集

　　白鼬又名扫雪鼬、短尾鼬、短尾黄鼠狼。毛色随季节变化而不同，夏毛身体背面为灰棕色，腹面为白色；冬毛全身为纯白色，只有尾端为黑色。为夜行性动物，听觉、视觉都十分灵敏，行动灵活，冬天出外觅食时，尾巴拖在雪地上，留下行迹，"扫雪"由此得名。（谭笑）

007

北松鼠
Sciurus vulgaris

啮齿目Rodentia 松鼠科Sciuridae
长17.5厘米，宽5厘米，高10厘米
2023年征集

　　北松鼠又名欧亚红松鼠，俗称魔王松鼠。分布在整个欧亚大陆的北部地区。亚洲东部的北松鼠颜色为灰黑色，腹部白色，耳端具有黑色簇毛，冬毛尤为显著。北松鼠喜爱生活在亚寒带针叶林或针阔混交林中，主要以红松子或其他核果、蘑菇、嫩枝、幼芽等为食。（谭笑）

鸟类

008

蓝孔雀
Pavo cristatus

鸡形目Galliformes 雉科Phasianidae
长23厘米，宽63厘米，高190厘米
2023年征集

　　蓝孔雀雄鸟头上具冠羽，头、颈和胸部均为蓝色，开屏时屏面宽约3米，高约1.5米。羽质细长，绚丽多彩，在阳光的照耀下更显得鲜艳夺目。不善远距离飞翔，双腿十分强健，奔走如驰，性机警，鸣叫声洪亮。杂食性动物，主要以野果、草籽、昆虫和蜥蜴等为食。（谭笑）

009

白冠长尾雉
Syrmaticus reevesii

鸡形目Galliformes 雉科Phasianidae
长133厘米，宽13厘米，高40厘米
2022年征集

我国特有的珍稀雉类，也是中国尾羽最长的野生鸟类。栖于多林的高山中，善于奔驰。常取食各种坚果、浆果和种子等。不仅有优雅的体形、艳丽独特的羽色，而且具有美妙歌喉。长尾雉尾羽称为"雉翎"，中央尾羽常被用来制作京剧演员的头饰白冠。为我国国家一级重点保护野生动物。（谭笑）

010

白鹇
Lophura nycthemera

鸡形目Galliformes 雉科Phasianidae
长75厘米，宽17厘米，高48厘米
2022年征集

白鹇冠羽蓝黑色，脸部呈绯红色，体羽白而密布黑色斜纹，尾羽大多白色，腹部蓝黑色。常见于常绿林、竹林及灌丛。李白赞美其"白鹇白如锦，白雪耻容颜"。明清时期常作为五品官服的图案。为我国国家二级重点保护野生动物。（谭笑）

011

红嘴蓝鹊
Urocissa erythrorhyncha

雀形目Passeriformes 鸦科Corvidae
长53厘米，宽10厘米，高16厘米
2022年征集

　　红嘴蓝鹊的头、颈和胸呈黑色，腰背以及尾羽为淡蓝灰色。虹膜为橘红色，喙和跗跖呈鲜艳的红色。飞行时尾羽通常呈扇状展开，特征明显，易于识别。多栖息于阔叶林中，为杂食性鸟类，取食植物种子、昆虫等。（谭笑）

012

三宝鸟
Eurystomus orientalis

佛法僧目Coraciiformes 佛法僧科Coraciidae
长15厘米，宽8厘米，高18厘米
2022年征集

　　三宝鸟是一种中小型攀禽。头部扁平，背部和翼盖呈现深褐色，带有鲜亮的蓝绿色光泽，腹部和尾下覆羽颜色较浅。喙宽短，呈朱红色。林栖性鸟类，喜栖于高大树木的顶枝上，取食昆虫。古人相信三宝鸟能给看见它的人带来福气。（谭笑）

013

短耳鸮
Asio flammeus

鸮形目Strigiformes 鸱鸮科Strigidae
长28厘米，宽13厘米，高20厘米
2022年征集

短耳鸮俗称"猫头鹰"。面盘显著，眼周黑色，耳羽簇较短。外表黄褐色，体羽有黑褐色斑点及条纹，下腹部有黑色纵纹。短耳鸮是夜行性猛禽，站立时通常保持水平状。常见于湿地周边，取食小型鸟类、鼠类、昆虫等。为我国国家二级重点保护野生动物。（谭笑）

014

鸿雁
Anser cygnoides

雁形目Anseriformes 鸭科Anatidae
长44厘米，宽25厘米，高53厘米
2024年征集

　　鸿雁是一种大型候鸟，主要分布于亚洲的东部。上半身呈灰棕色，较大的羽毛上有浅色条纹。喜欢栖息在草原、针叶林中，以莎草等植物为食，偶尔会进食软体动物，很少进入水中游泳。由于栖息地丧失、过度狩猎以及繁殖地偷取鸟蛋等原因，导致鸿雁的数量不断下降。为我国国家二级重点保护野生动物。（谭笑）

015

池鹭
Ardeola bacchus

鹈形目Pelecaniformes 鹭科Ardeidae
长28厘米，宽14.5厘米，高30厘米
2024年征集

　　池鹭是一种典型涉禽，翼白色、身体具褐色纵纹。头颈棕红色，虹膜褐色，喙为黄色，胸部羽色较深，腿和脚绿灰色。站立时具褐色纵纹，飞行时体白而背部深褐。栖息于稻田、池塘、沼泽，喜单只或结小群在水田或沼泽地中觅食，主要以鱼类、蛙、昆虫为食。除东北北部和青藏高原外，几乎遍及全国。（谭笑）

016

白鹈鹕

Pelecanus onocrotalus

鹈形目Pelecaniformes 鹈鹕科Pelecanidae
长50厘米，宽35厘米，高80厘米
2024年征集

　　白鹈鹕体形粗短肥胖，颈细长，有着与众不同的长喙，以及可以伸缩的发达喉囊，能吞食体型较大的鱼类。主要栖息于湖泊、江河、沿海和沼泽地带，善于游泳，捕鱼技术高超，通常结群生活并通过群体合作进行捕鱼。为我国国家一级重点保护野生动物。（谭笑）

017

蓑羽鹤
Anthropoides virgo

鹤形目Gruiformes 鹤科Gruidae
长52厘米，宽23厘米，高67厘米
2022年征集

　　蓑羽鹤是鹤类中体型最小的一种，又称闺秀鹤。全身蓝灰色，头顶灰色，耳羽白色呈披发状，虹膜红色，脚黑色。取食植物种子、根茎、鱼类、蛙等小型动物，常在农田、湿地、沼泽等周边活动。《宋书·五行志》载："雍熙四年（987）十月，知润州程文庆献鹤，颈毛如垂缨。"献的便是蓑羽鹤。为我国国家二级重点保护野生动物。（谭笑）

018

英雄翠凤蝶

papilio ulysses

鳞翅目Lepidoptera 凤蝶科Papilionidae
长10.6厘米，宽10.5厘米
2023年征集

英雄翠凤蝶又名天堂凤蝶、琉璃凤蝶，是澳大利亚国蝶。翅形优美、巨大，颜色以宝蓝色与黑色为主，翅背面为棕褐色，后翅有黑色的尾突。采食吴茱萸和马樱丹的花蜜，寄主多为吴茱萸属、蜜茱萸属、巨盘木属、山油柑属等植物。（谭笑）

019

华庆锦斑蛾
Erasmia pulchella

鳞翅目Lepidoptera 斑蛾科Zygaenidae
长6.4厘米，宽4厘米
2024年征集

　　华庆锦斑蛾色彩艳丽，头、触角及胸部蓝绿色，鳞翅有着彩虹色金属光泽。遇到危险时，头部会慢慢渗出带有高浓度氰化氢的防御液体抵御天敌。（谭笑）

020

鹤顶粉蝶
Hebomoia glaucippe

鳞翅目Lepidoptera 粉蝶科Pieridae
长9.5厘米，宽6.2厘米
2024年征集

　　鹤顶粉蝶是中国粉蝶中体型最大的种类。雄蝶翅背白色，前翅顶角尖，有一明显的橙红色三角斑；雌蝶翅背黄白色，后翅外缘、亚缘各有一列明显的黑色箭头纹。分布于中国南方、东南亚和南亚地区。（谭笑）

021

亚麻篱灯蛾
Phragmatobia fuliginosa

鳞翅目Lepidoptera 灯蛾科Arctiidae
长3.2厘米，宽2厘米
2024年征集

　　亚麻篱灯蛾头部、胸部红褐色，触角为白色。前翅红褐色，中室端有两个黑点；后翅红色，中室端有两个黑点，亚端带黑色，缘毛红色。主要以亚麻、蒲公英及酸模属等植物为食。分布于北京、河北等地。（谭笑）

022

大绢斑蝶
Parantica sita

鳞翅目Lepidoptera 斑蝶科Danaidae
长9.2厘米，宽6.5厘米
2023年征集

　　大绢斑蝶体胸部棕褐色，腹部棕红色。前翅狭长，正面黑色或烟黑色，后翅为栗红色，翅面有白色蜡质半透明的斑纹。栖息于中、低海拔山区，寄主为萝摩科植物。（谭笑）

023

网脉蜻

Neurothemis fulvia

蜻蜓目Odonata 蜻科Libellulidae
长6.5厘米，宽4厘米
2024年征集

网脉蜻雄性通体红色，翅大面积红色，仅端部透明。雌性通体黄褐色。广泛分布于亚洲地区，栖息于湿地和水稻田。全年可见，食性为肉食，能有效捕食蚊、蝇等昆虫。（谭笑）

024

华艳色蟌

Neurobasis chinensis

蜻蜓目Odonata 色蟌科Calopterygidae
长7厘米，宽6厘米
2024年征集

雄性的华艳色蟌头部、胸部和腹部铜绿色，具金属光泽。前翅透明,后翅正面大面积金属绿色,端部黑色,背面深铜色。早在270多年前，著名的生物分类学之父林奈在他的《自然系统》中就收录了华艳色蟌，这是中国第一种走向世界的蜻蜓。（谭笑）

025

丽眼斑螳

Creobroter gemmatus

螳螂目Mantodea 花螳科Hymenopodidae
长5.2厘米，宽3.4厘米
2024年征集

丽眼斑螳为亚洲特有种类，俗名宝石花螳螂。体色白绿相间，翅上有一假眼图案，遇到危险时，展开双翅威吓天敌。喜欢栖息在温暖湿润的隐蔽环境中。（谭笑）

026

昂蝉
Angamiana floridula

半翅目Hemiptera 蝉科Cicadidae
长13.8厘米，宽6.5厘米
2024年征集

昂蝉体型健硕，翅膀宽大，颜色深邃、美丽。中胸背板有四个黄褐色斑纹；前翅深褐色，基部三分之一及中部横带奶油色，端室基横脉浅黄褐色，后翅端室中有栗色斑。昂蝉的翅膀是其最引人注目的特点，每一只蝉都拥有自己独特的翅膀脉络。（谭笑）

027

黄粉鹿花金龟
Dicronocephalus wallichii

鞘翅目Coleoptera 金龟科Scarabaeidae
长5厘米，宽4.3厘米
2024年征集

黄粉鹿花金龟因体表被淡黄色粉，雄虫唇基发达似鹿角而得名。全身为金黄色，前胸背板有两条黑色的斑块，跗节颜色为黄色或者橙色。成虫取食树汁和花，尤其是果梨、板栗、栎、松等树。（谭笑）

028

鸡冠花
Celosia cristata

石竹目Caryophyllales 苋科Amaranthaceae
长26.2厘米，宽20.8厘米
2023年征集

　　鸡冠花为一年生草本植物。鸡冠花呈穗状花序，多分枝呈鸡冠状、卷冠状或羽毛状，花呈红、紫、黄、橙色，花期为7—10月。因其花瓣形似鸡冠，故名鸡冠花。鸡冠花可以止血，止带，止痢。（胡思涵）

029

香青

Anaphalis sinica

桔梗目Campanulales 菊科Asteraceae
长31.5厘米，宽13.3厘米
2023年征集

香青为多年生草本植物。头状花序密
集成伞房状或多次复伞房状，总苞钟状或
近倒圆锥状。花期6—9月。香青味辛、苦，
性温，解表祛风，消炎止痛，镇咳平喘，主
治感冒、气管炎、肠炎、痢疾等，具有医用
价值以及经济价值。（胡思涵）

030

竹叶柴胡

Bupleurum marginatum

伞形目Apiales 伞形科Apiaceae
长33厘米，宽18厘米
2023年征集

竹叶柴胡为多年生草本植物。茎单生，
基部稍紫褐色，复伞形花序多分枝，花瓣淡
黄色。花期6—9月。竹叶柴胡具有解表退
热、疏肝解郁、升举阳气的功效。现代药理
研究显示有抗脂肪肝，抗肝损伤，镇咳，抗
炎等作用。（胡思涵）

031

美人蕉
Canna indica

姜目Zingiberales 美人蕉科Cannaceae
长35.3厘米，宽21.5厘米
2023年征集

　　美人蕉植株为绿色，高可达1.5米。花果期3—12月，我国南北各地常有栽培。本种花较小，主要赏叶。根茎清热利湿，舒筋活络，主治黄疸肝炎、风湿麻木、外伤出血等。茎叶纤维可制人造棉、织麻袋、搓绳，其叶提取芳香油后的残渣还可做造纸原料。（胡思涵）

032

博落回

Macleaya cordata

毛茛目Ranunculales 罂粟科Papaveraceae
长31.6厘米，宽27.7厘米
2023年征集

博落回为直立草本植物，基部木质化，具乳黄色浆汁。花果期6—11月。我国长江以南、南岭以北的大部分省区均有分布，南至广东，西至贵州，西北达甘肃南部，生于海拔150—830米的丘陵或低山林中、灌丛中或草丛间。全草有大毒，不可内服，入药治跌打损伤、关节炎、汗斑、恶疮、蜂螫伤等；作农药可防治稻椿象、稻苞虫、钉螺等。（胡思涵）

033

天门冬
Asparagus cochinchinensis

天门冬目Asparagales 天门冬科Asparagaceae
长30厘米，宽21.8厘米
2023年征集

　　天门冬为多年生草本植物。茎长可达2米，花淡绿色，腋生。花期在5—6月。具有滋阴润燥、清热止咳的功效，可治疗燥热咳嗽、肠燥便秘、咽喉肿痛等疾症。（胡思涵）

后记

《凝萃：中国大运河博物馆2022—2024年征集藏品选编》是中运博将2022—2024年藏品征集成果集结出版的一本精品图录。本图录取名"凝萃"二字，一是"凝"，既象征着大运河千年历史积淀的凝聚，在时光流逝中文物沉淀的厚重，也寓意着藏品征集凝聚了全社会对中运博的关心和支持，凝聚了中运博全体人员的心血和汗水；二是"萃"，即荟萃精华，我们从三年来征集的4411件（套）藏品中精挑细选九大类325件（套）精品，展示文物承载运河文明之璀璨，反映运河文化博大精深与多元交融。

值此图录即将出版之际，感谢所有关心和支持中运博藏品征集工作的领导和专家；感谢上海书画出版社及馆内外所有为图录出版付出辛勤汗水的工作人员，正是大家的共同努力使本书得以顺利出版。

囿于编者水平所限，书中不免纰漏瑕疵之处，恳请读者批评指正。

编者
2025年3月

图书在版编目(CIP)数据

凝萃：中国大运河博物馆2022-2024年征集藏品选编 /
中国大运河博物馆编. -- 上海：上海书画出版社,
2025.4. -- ISBN 978-7-5479-3575-0

Ⅰ. K872.533

中国国家版本馆CIP数据核字第20254UF898号

凝萃

中国大运河博物馆2022—2024年征集藏品选编

中国大运河博物馆 编

责任编辑	黄坤峰　法晓萌
装帧设计	陈绿竞
技术编辑	顾　杰　吴　金

出版发行	上 海 世 纪 出 版 集 团 ⑨上海书画出版社
地址	上海市闵行区号景路159弄A座4楼　201101
网址	www.shshuhua.com
E-mail	shuhua@shshuhua.com
制版	上海雅昌艺术印刷有限公司
印刷	上海雅昌艺术印刷有限公司
经销	各地新华书店
开本	889×1194　1/16
印张	23.75
版次	2025年4月第1版　2025年4月第1次印刷

书号	**ISBN 978-7-5479-3575-0**
定价	**468.00元**

若有印刷、装订质量问题，请与承印厂联系